好的婚姻，既不攀附，也不将就

凯紫 ——— 编著

北京理工大学出版社
BEIJING INSTITUTE OF TECHNOLOGY PRESS

版权专有　侵权必究

图书在版编目（CIP）数据

好的婚姻，既不攀附，也不将就 / 凯紫编著. —北京：北京理工大学出版社，2022.4
　ISBN 978-7-5763-0943-0

　Ⅰ. ①好… Ⅱ. ①凯… Ⅲ. ①婚姻-通俗读物 Ⅳ.
①C913.13-49

　中国版本图书馆 CIP 数据核字（2022）第 027634 号

出版发行 /	北京理工大学出版社有限责任公司
社　　址 /	北京市海淀区中关村南大街 5 号
邮　　编 /	100081
电　　话 /	（010）68914775（总编室）
	（010）82562903（教材售后服务热线）
	（010）68944723（其他图书服务热线）
网　　址 /	http://www.bitpress.com.cn
经　　销 /	全国各地新华书店
印　　刷 /	天津旭丰源印刷有限公司
开　　本 /	880 毫米 × 1230 毫米　1/32
印　　张 /	10
字　　数 /	194 千字
版　　次 /	2022 年 4 月第 1 版　2022 年 4 月第 1 次印刷
定　　价 /	49.80 元

责任编辑 /	封　雪
文案编辑 /	毛慧佳
责任校对 /	刘亚男
责任印制 /	施胜娟

图书出现印装质量问题，请拨打售后服务热线，本社负责调换

自序

非常感谢您翻开这本书，我从事情感工作多年，至今收到过几十万封读者来信和各种听众留言，完全能体会到人们陷入困境时的不安、焦虑、困惑、迷茫，因为我也有过那样的时刻，也正因如此，我才开始了心理领域的学习和研究。

我很庆幸，自己所学的知识除了帮助自己找到走出困境的方法之外，也能给其他有需要的人提供一些参考建议。虽然并非科班出身，但通过这么多年的学习（查阅了大量资料，也针对不同案例进行了细致研究），在和大量粉丝一对一的沟通过程中，我更能分析出每个想要改变的人真正需要的答案是什么。

当然，我们必须承认，每个人在情感、生活中遇到的困惑大部分不会因为别人给出一个答案就豁然开朗，因为人生的答案非常复杂，不仅藏在你的性格里，藏在你的为人处世里，更藏在你从小的成长环境里，以及你与父母、家人的亲密关系里。只不过有时候，如果有人为你指出一个方向或给出一个参考建议，或许可以帮助你重新认识自己。

我下决心开始做给大家解答困惑这件事，是因为一位女士问过我这样一个问题。

她和丈夫收入颇丰，她们家属于中产家庭，她自己事业有成，老公是国企领导，在别人眼里他们就是人人羡慕的模范夫妻。但半年前她突然发现，与自己结婚八年的老公居然长期出轨一个在洗脚店工作的女人，而且两人保持亲密关系至少两年了。对此她感到痛苦和困惑，痛苦的是丈夫的背叛，困惑的是自己能力强、颜值高、收入佳，所有人都觉得她是一个理想的妻子，为什么丈夫还会出轨。

她反复问我同一个问题，老公和那个女人会有真感情吗？她说可以接受男人身体出轨，但不能接受精神出轨。我反问了她："你想离婚吗？"她犹豫了一下回答我说："如果我老公和那个女人没有真爱，我就不会离婚。"我接着提醒她："去掉假设，你想离婚吗？好好问问自己。"这次，她想了大概十几分钟后对我讲述了她和丈夫的感情经历：他们是大学同学，一路走来两人相亲相爱，共同努力，从一无所有到现在有房有车实属不易。这么多年同甘共苦的感情，她无法轻易割舍。她也知道，这几年自己的事业越来越好，性格也变得越来越强势，常常在外应酬，但对老公的关心也确实不够。讲完她和老公的故事，她跟我强调，她只是接受不了这个曾经深爱她的男人居然爱上了别人，而且还是爱上一个比自己差那么多的女人。说完这些后，她坚定地回答："我不想离婚。"

在这个案例里，很明显这位女士一开始其实并没有分清自己究竟是因为不甘而痛苦，还是因为真的想结束这段感情而痛苦。当我从一个旁观者角色帮她厘清思路后，她便清楚地知道自己想要什么结果了。既然如此，她的婚姻面临的问题既不是老公和别的女人是否真的存在了感情，也不是她要如何与那个女人对抗，更不是和老公闹离婚，而是要重新认识自己，找到导致老公背叛的真正原因，从而改变双方对待婚姻的态度，调整沟通方式，努力修复彼此的关系。

我和她说完这些后，这位女士突然顿悟，原来自己一直在钻牛角尖，这才是造成她很长一段时间走不出痛苦的真正的原因。大约七个月后，她和老公的关系修复成功，特意来感谢我。但在我看来，其实她要感谢的是自己，因为当初我一提醒，她就能明白并发现自己的问题所在，知道应该如何改变。她没有继续在"老公和在洗脚店工作的女人是不是真爱"这件事上过多纠缠，而是真正发自内心给自己纠错，不再把所有问题的矛头指向丈夫，于是很快修复了和老公的感情，挽回了美满的婚姻。

而我见到的更多人却还因男人背叛这个事实里走不出来，不愿意面对自己的问题，也不想改变自己，更不愿意结束这段连自己都唾弃的关系，于是长期活在痛苦之中，甚至患上了严重的抑郁症。

我真心希望可以帮助更多和这位女士有同样困扰的人，重新认识自己，找到内心真实的想法和需求，所以把近两年粉丝的各种来信咨询整理成书供大家参考。虽然这些都是别人的故事,但也许你也可以从中发现自己的影子,找到一些方向和建议。当然,能不能找到问题的答案,从困惑和矛盾中走出来,最终还要看自己学习和改变的决心。毕竟,认识自己的不足和内心真实的需求,才是幸福和快乐的开始!

目录

好的婚姻：
选择适合自己的，才是最重要的

- 002 男友年薪百万元，我该不该嫁
- 008 男友不愿意给彩礼，这种男人能嫁吗
- 012 男友曾为我付出过很多，要不要挽留
- 018 男友买不起房，还要继续在一起吗
- 023 要么结婚，要么分手，这样的男人可以嫁吗
- 029 男友买房让我出10万元，还有必要和他在一起吗
- 035 要求男友婚后再买一套房有错吗

掌控爱情：
让自己有机会遇到一段正确的感情

- 040 为什么他明明对我有感觉，却又和别人生了小孩
- 045 为什么他一边拒绝我，一边还和我保持关系
- 051 为什么每次我都真心付出，可是从来没有结果
- 056 孩子马上出生了，老公要和我离婚，我该怎么办

062 莫名变成了第三者，我接受不了这个事实，怎么办

066 他如果不喜欢我，为什么要纠缠我

072 他常常不回消息，是不是暗示我该放手了

获得安全感：
真正的安全感，是你内心的强大和足够自信

078 用小号试探男友，他居然上钩了，还要在一起吗

083 男朋友不回消息也不接电话，是不爱我了吗

088 他妈妈逼他分手，他却和我保持关系，他是喜欢我吗

094 男友手机里藏着不愿删除的女孩，他到底爱不爱我

100 老公偷偷欠下十几万元外债，还和我冷战，要不要离婚

培养独立的能力：
不要想着改变对方，要从改变自己开始

108 老公对我极尽宠爱，但又常常对我大发脾气

114 老公以前对我很好，但就是会赌，要不要离婚

120 老公不顾家，三胎快出生了，我该怎么办

126 想离婚又舍不得放弃孩子，带着她又没法照顾，我该怎么办

131 老公爱玩，成天不着家，对我和孩子不闻不问，我该怎么办

136 老公成天在手机里跟别的女人撩骚，婚姻还要不要继续

143 老公一分钱没有，还想用我的彩礼当学费，日子该怎么过

打破沟通障碍：
你不懂如何表达自己的需求，他不懂如何表达对你的不满

- 148 老公总和我冷战，还要维持这段感情吗
- 154 老公向亲戚吐槽我，对我无话可说，我的婚姻只能这样了吗
- 158 男友总是突然消失不回信息，是不是对我不上心
- 163 我一心为家庭操劳，却得不到巨婴老公的认可
- 168 老公不做家务也不照顾孩子，就爱打游戏，还说我无理取闹

坚守原则底线：
好的爱情的前提是，你爱的是一个好人

- 174 男友不允许我有任何异性朋友，他说这是因为太爱我了
- 180 老公随便冤枉我、欺负我、伤害我，他还有救吗
- 186 每次怀孕都被他打，我怎样才能让他同意分手
- 193 婆婆诋毁我，老公打我之后求复合，要原谅他吗
- 199 孩子摔到地上他又打我，想离婚，但孩子该怎么办
- 203 他赌博、酗酒、家暴、出轨，家人劝我为了孩子将就过
- 208 怕孩子没有完整的家，我一直选择隐忍
- 214 男友经常打我，父母却让我凑合

规避背叛：
婚姻中的所有问题，一定是夫妻双方共同造成的

- 220 怀孕四个月，老公出轨女同事，要不要放弃他
- 226 老公为出轨对象欠债20多万元，这样的婚姻还有维持的必要吗

232 老公在外面有人，婆婆说不能过就赶紧离婚，我该怎么办
237 为了孩子上学，夫妻两地分居，怀疑老公背叛了我
242 丈夫和别的女人关系暧昧，离婚后又求复合
248 陪老公从一穷二白到现在年入百万元，如今却遭到他的背叛
253 离婚不离家，为什么他又要瞒着我在外面找女人
257 婆婆不帮忙带孩子，夫妻双方零沟通，我出轨了
262 从我一无所有时，她便不离不弃，如今她却出轨了
268 感受不到老公的爱，于是我成了一个不干净的女人

自我保护：
保护好自己的财产，也保护好自己

274 男友投资失败，我已经借给他12万元，还要继续借吗
280 产检生娃我都用自己的钱，老公却不停借钱给别人
284 男友事业不顺，向我借了近20万元，我却发现他对我有所隐瞒
290 男友突然冒出一个女儿，我是遇到骗子了吗
295 我们又吵架了，他说他想静静没有理我
299 借给男友15万元，但是他一直没钱还债
302 十天半个月对我不闻不问，他是不喜欢我了吗
307 他开保时捷，为什么要向刚认识的我借钱

好的婚姻：选择适合自己的，才是最重要的

男友年薪百万元，
我该不该嫁

感受不到足够的爱和在乎，
就没有必要强求高攀

Q:

凯哥你好！你的文章我每晚必读，即使只有一句简单的问候。很多次想把自己的故事说给你听，今天终于鼓起勇气，让你帮我分析一下。

我28岁，年薪25万元。男友大我8岁，年薪百万元，离异，有一个女儿，由前妻抚养。我们恋爱快2年，我和他三观很合拍，但却有一些现实问题一直回避不了。

一是，男友的妈妈很强势。他妈妈因为嫌弃他爸爸，所以和我男友住在一起，他爸爸住在老家。他妈妈觉得男友二婚，不想办婚礼，说女方可以简单摆一下酒席。彩礼加酒席一共需要男友出10万元，他妈妈听到这个数字就炸了，说他们家的习俗是结婚不出彩礼，然后就开始各种闹腾。

我刚怀孕1个月时，因为男友和前妻的相处问题跟他吵过架，男友把吵架的事情告诉了他妈妈，他妈妈就以我们的感情磨合不到位为由，打电话给所有亲戚，让他们劝我们不要结婚，而且居然还让我父母劝我分手。我父母没有和他们争吵，就只问了一下如果不结婚孩子怎么办，让男友的妈妈想清楚给出答复就好。男友和他妈妈商量好后决定让我把孩子打掉。我挽回过两次后也决定放弃了，因为觉得男友的心并不在我身上，就算孩子出生也会受苦，于是最终答应打掉孩子，他也答应和我重新开始。

二是，男友的女儿。男友离婚的时候，大部分财产和抚养权都给了前妻。据他朋友说，他们离婚时闹到了派出所，前妻把他妈妈打伤，需要住院治疗，还把孩子带回老家不让他见。

2018年8月，我和男友交往没多久，他前妻知道后开始找借口不想带孩子。由于这个孩子从小是爷爷奶奶带大的，而且她也喜欢奶奶，就又开始由奶奶来照顾了。男友依旧每月付给前妻3 000元抚养费。男友觉得一切为孩子好的他都可以接受，怕不付抚养费或者变更抚养权，前妻会不让他见孩子。他们同住在一个小区，我住在自己的房子里，男友一周陪我两三天。这样的相处方式持续了一年多。

今年过年时候，男友想让女儿和爷爷奶奶在一起过年，因为在他们离婚后，孩子从来没和爷爷奶奶一起过过年，但他的前妻不肯。男友和他妈妈都觉得这样也可以接受，因为父母离婚，孩子是受害者，要尽可能多照顾孩子。

我身处其中，真的很难受，我好想问问凯哥，我到底该怎办？我觉得自己已经很宽容大度，因为我很爱男友，我不想让他为难，所以一再忍让，可这样的相处方式我实在接受不了。

A：

　　姑娘你好，关于你现在的问题，从我这个旁观者的角度看，很明显，男方以及他的家人都认为你高攀了他们家。

　　首先，从收入上来看，你男友年入百万元，是你收入的4倍，以他这样的收入，确实算很不错了。

　　其次，可能男方以及他的家人对你的性格和脾气都不是太满意。作为母亲，知道自己的儿子相对比较优秀，但儿子的女朋友脾气却不好，于是她有"我儿子可以找到更好的"这种想法也情有可原。

　　最后，就是你对男友孩子的态度，从来信中看，似乎你不太接受这个小孩，而小孩又是爷爷奶奶的心肝宝贝，你做不到爱屋及乌，你男友和他妈妈自然就对你更不满了。

　　从哪里可以看出他们家觉得你高攀呢？有这三方面：

　　第一，彩礼。

　　你要10万元彩礼，从他妈妈的态度上看反应有点过大。对于你男友这样的收入，10万元只不过是他1个多月的薪资而已，怎么会听到10万元就要炸呢，她的这种态度，与其说不想给，不如说是觉得没必要给。

第二，婚宴。

他妈妈说儿子二婚没必要摆酒，你要办就自己家办，她并没有考虑你的感受，那么她为什么可以不考虑你的感受？因为她相信，就算不考虑，你还是会跟着她儿子，或者最好你不高兴就分手，不想结婚最好。

第三，怀孕。

在明知道你怀孕的前提下依然不考虑你的感受，其实就已经是释放出不重视、不珍惜的信号了。

在一段感情里，其中一方觉得自己被高攀又会有怎样的结果呢？就是你现在的感觉——他不重视你。因为不被重视，所以你会觉得很难过，你会很难接受这样的相处方式。只要你们之间的局面不改变，这个结果同样也是不会改变的。这就是说你只能接受，接受男友，接受他妈妈，接受他们一家人不太合理的要求或者不太友好的态度。

你问我该怎么办，我想你不妨自己好好想想，你今年28岁，年收入25万，在同龄人里应该算是收入很不错的了。我相信，凭你的条件，已经有能力让自己过上很好的生活了，而他又能带给你什么呢？你图他什么呢？物质还是精神？你自己都认真想想。你说你很爱他，你爱他什么呢？这也要好好想想。

你说很爱男友，所以一再忍让，可是你从一开始就知道他离过婚而且有孩子，现在却很难接受这样的相处方式，那你不妨也好好想想，你是真的很爱他吗？都说爱屋及乌，爱代表包容和理解，那你的爱在哪呢？

最后，我想告诉你，一段感情如果在一起觉得很艰难，过得很不开心，那就没有必要强求。恋爱的时候都不能感受到足够的爱和在乎，难道结婚后还有可能改变吗？尤其是他的前妻和孩子，这是横在你们之间永远的矛盾，你们还没结婚，就已经闹得这么不开心了，一旦结婚，两个人有了自己的孩子，难道就能消除这些矛盾吗？是不是更有可能还要激化矛盾呢？到时候你有信心可以应付和解决这一切吗？

我想，一个能达到这种收入的女孩，应该各方面条件都挺优秀的，那你有没有想过，也许自己还可以遇到更合适的选择呢？

男友不愿意给彩礼,这种男人能嫁吗

你想通过彩礼来考验他对你的感情，但是他的想法和你一样

Q：

凯哥您好，我和我男友认识4年了，今年他31岁，我25岁。最初是我姐姐介绍我们认识的，介绍的时候就和他说我们老家聘礼要30万元（一般都是23万元左右），他说没问题，可以试试。

刚认识的时候我们并没有在一起，后面阴差阳错才在一起了，现在大概一年了。他家境还可以，在市中心有两套房，一套全款，一套按揭，另外还有一辆好车。

现在我们准备结婚了，却每次都因为聘礼的事大吵。他父母不喜欢客家女孩子，所以一分钱都不会出。我也不想因为这个为难男朋友，所以提出把聘礼从30万元降到10万元，男朋友却说10万元可以出，但是他要向银行贷款。听到这话，我就很不开心。这不就是要我们婚后一起还的意思吗？他家并不是没钱，而是有钱借给亲戚，却不肯花10万元娶我。

我每个月的平均收入有2万多元，平时的生活开销都是自己承担的，我想在婚前买一套属于自己的房子，他说他出10万元，但是聘礼不能给。这种男人我还能嫁吗？

A：

姑娘你好，你有没有想过为什么你男友不肯给你彩礼？你有没有想过他父母是因为不喜欢客家女孩子，还是因为不喜欢你呢？看你男友现在的态度很明显，就是男方家里觉得他们家那么好的条件，你嫁到他们家已经算高攀，你不应该再要彩礼了。

再说，对于你男友这样的家境，很显然10万元肯定不算大数目，为什么他说要贷款来给你呢？因为他不相信你是一个可以和他同甘共苦的人，他觉得你和他结婚只想着自己的利益，却不考虑他的感受。当然，我看到你的来信后和你男友的理解也是相似的，因为你确实不愿意和他一起还这10万元，不仅如此，你说你要在婚前买自己的房子，应该也希望他出钱吧？

那是不是在你心里，结婚时，女孩子就应该是受益方，男方就应该无条件满足女方所有要求呢？就算满足了，你有没有想过，你要来的这些是用什么换来的？是用你的性别优势、生育优势和年龄优势换来的。就算他满足了你的全部条件，那么和你结婚之后呢？当有一天你的性别、生育、年龄优势都没有了呢？

聘礼我一直是赞同女孩子要的，但也要想想该怎么要。是在双方都自愿的前提下，并且会把所有的聘礼带到小家庭作为启动资金呢？还是强迫性的，而且所有聘礼都存入自己或者父母的小金库呢？

在我看来，既然打算结婚，就应该是两个人一条心，一起展望未来的美好生活，而不是只想着自己怎么才能不吃亏。中国有句老话叫作"吃亏是福"，如果倒过来理解，也可以说，一个不愿吃亏的人，是很难有福气的。另外，你一个月的收入有2万多元，对于一个年轻的女孩子而言，这已经算很不错的收入了，既然自己收入这么高，为什么非要跟他纠结聘礼的问题呢？

我知道，可能对于你来说，你想通过聘礼来考验他对你的感情，但是你有没有想过，他的想法和你是一样的，他不是出不起这笔钱，他也想通过对彩礼的态度来测试你对他的感情。最后，你问我，这个男人值得你嫁吗？我猜他现在的想法可能和你一样，他也在想，这个女孩子值得我娶吗？

男友曾为我付出过很多,要不要挽留

一个始终不被认可的人，
他又能坚持多久

Q：

凯哥，我33岁，自己创业，收入不错。男友27岁，工作一直不稳定。

我父母都是国企退休人员，家里条件还可以，但他们的感情不是特别好。男友家里原本条件非常好，但在他十几岁时父亲进了监狱，至今没有出来。原本作为全职太太的妈妈，不得不出去打工抚养他长大。

2016年，我们在一个培训班里相遇。他说我能带给他阳光和上进心，培训不到一个月时间，他就喜欢上了我。培训结束后，我回到了自己所在的城市。他说要来找我，我和他说从朋友做起，他还是毅然决然地要过来。他和他妈妈说自己有了喜欢的女孩，于是我和他妈妈通了电话，想知道他妈妈的态度。他妈妈说可以让他去找我，在大城市，每个人都有发展机会，他并不是专门冲我来的。如果他发展得不好，是他自己的事。

　　因为觉得他和我的择偶标准相差太远，所以对他并不上心，也没有把这件事告诉我父母。他如愿到了我所在的城市，刚来的时候特别努力、勤快，每天就想着结婚、买房子这些事。我们同居一年半后，有一天我妈打电话说要来看我，我这才不得不说现在在和他谈恋爱。我妈来时，他表现得很好，我妈虽然有疑虑，但是被他说服了，但第二天，我爸打电话来表示坚决不同意，第三天，我姥姥也打电话来说不同意。我的家人都不同意，男友很伤心，自信心受到了很大的打击。

　　后来，我妈提出要求，要15万元彩礼，还要一套房子。男友拿不出那么多钱。那会儿正好碰到过年，我妈又说，就算不结婚，你也要给女方家人拜年吧。也许因为打电话又听到什么难听的话，我男友当时坐床边已经流泪了，就是这个时候，我体会到了一个男人的无能为力，当时特别心疼他。

　　这件事过后，我对他的态度就慢慢转变了，从之前的漠不关心变得对他上心了，但他好像被我妈吓住了，对我没有之前那么好了，但对我妈还是很好的。

　　后来他开始着急挣钱，去年他看好一个项目要投资，我支持他，也出了钱。他在店里非常积极，和客户的关系也维护得很好，但才开始2个多月，他果断退股了，因为另一个股东对我不是很尊重。他觉得没有给我一个家，也不能让我在外面受欺负。我知道他这是自卑，在这期间他办了信用卡，给我买好吃的，但最后欠的钱，其中有3万多元是我还的。去年我们一直不顺利，而他爸又被加了2年刑期，他非常失落。

2个月前，我让他回老家休息一下，他走之前对我说自己配不上我，给不了我婚姻和家。现在他也不怎么和我联系，上周他把微信注销了。我打电话问他妈妈，他妈妈从头到尾很认可我，一直说他儿子这样确实差劲，劝我放弃。我不甘心，找到他，问他到底要怎样，他说不结婚了，不来找我了。

之前我有个追求者加过他，一直打击他，说过很极端的话。他在我电脑里发现了之前那个男生的登录痕迹，就以为那些打击他的话是我冒充那个追求者说的。被他误会，我很生气，他看不到我这么多年的付出吗？

从刚开始的美好，到今天的断联状态，我不知道该不该给他打电话，问他什么时候再来，想给他一个台阶下。我妈知道这件事，觉得他也挺可怜的。其实，我家人后来对我们的事也默认了，同意我俩一起攒钱买房子付首付，但是，我一直在考虑他目前的状态到底是怎么回事，如果想分开，直接说就可以了，没必要注销微信，这是躲避吗？现在我不知道怎样才好，想咨询一下老师！

A：

姑娘你好，我认真看完了你的来信，发现你们无论是家庭背景，还是目前的个人收入，都不相配。一个男人不是不可以找一个比自己条件好而且比自己年龄大的女孩，但是如果这个男人内心不够强大，他很难面对外界的所有压力。

当然，不可否认，他确实也努力了，但家庭带来的一些伤害，他也确实无能为力。他努力对你好，对你父母好，可是这一切都不是在一种很放松的状态下做的，而是处于一种讨好的状态。因为他知道自己条件不好，为了缩短你们之间的差距，不得不放低姿态讨好你们。不能说他做得不对，也不能说他有什么居心，我相信他是因为真的喜欢你，才愿意这样付出的。可是也恰恰因为他的自尊心太弱了，才会这样付出的。

我举个例子，就像一个体重100斤的成年人，他拎起10斤的水轻轻松松，可是对于一个体重30斤的小孩，他要拎起10斤的水，就会筋疲力尽。在你们的感情里，他就只是一个30斤的小孩，做一件事情如果需要用力过度，那他有多少力气持续下去呢？

在这样的前提下，其实不难想象，你们之间的矛盾迟早都会暴露。从比较理性的角度来看，我想他选择逃避，对于你而言可能不是一件坏事。他自己也很清楚，他和你在一起很累，他需要用力迎合你，但实际上即便他很用力，也还是赶不上你。同时，你也会很累，你需要不断照顾他的情绪，比如他开店很用心，你觉得他已经很努力了，哪怕没有结果，心里也很安慰，但这种状态你会不会觉得就像妈妈对孩子的标准？你努力就可以了，看到你努力的样子，我就会觉得欣慰。这并不是成年人之间相处的标准,无论多努力,只要目标没有实现,就是失败了。也就是说,其实你并没有拿一个成年人和一个丈夫的标准来要求他,或者说,你们都在逃避现实。

现在你们在恋爱,可能这样的状态你可以接受,但将来呢?你还能接受一直是这种状态吗?我相信所有的女孩,无论自己多强大,还是希望有个人可以照顾自己,这种照顾不是生活方面的照顾,而是能托起自己的希望和未来。那么他可以吗?也许不可以。当然,这也和你以及你的家人对他的要求太高有关,你们的要求他目前很难达到,所以他自己也会觉得给不了你希望和未来。

还有,更重要的是,可能他不知道如何面对你的父母,他接受不了你父母对他轻视的态度。

和你在一起的这几年,他从热情洋溢,对生活充满激情到消极悲观,对未来不抱希望。如果一个人始终不被认可,不停遭受打击,连他妈妈都说他差劲,你说他又能坚持多久呢?

所以你问我该怎么办,你要先问自己是不是相信他能给你美好的未来,只有拥有100%的信任才有继续这段感情的意义,你们才有必要重新开始;否则,这些矛盾只会周而复始!

男友买不起房,还要继续在一起吗

既然知道自己要的是什么，
就坦然面对

Q：

　　凯哥，我有个前男友，读大学时我们就在一起，到现在已经2年了。刚开始，他是那种连情人节都不知道送礼物的人，但现在在很多细节方面很会关心我。比如，当我肚子饿时，他会给我点我最喜欢吃的外卖；我睡懒觉时他会早起去给我买早餐，从来没让我做过饭。生理期到了，他会提前提醒我注意；换季了，他会陪我一起逛街，帮我选好衣服让我试穿；我没钱了，他会让我不要跟家里人要，跟他说就行。在用钱方面从来没对我苛刻过，为了给我安全感，他把工资放在我这里，自己留1 000元生活费。我介意他和女性朋友聊天，他就会特别注意，QQ、微信我都可以随时登录，他的聊天框里除了工作还是工作。

　　但是，就算是这么好的一个人，我们之间却依然面临很多问题。我带他回老家时发现，他在人情世故方面很不擅长，虽然我看得出他已经尽力了,但所有亲戚都说他不好。家里人不想我嫁得太远,希望我们在南通买房。按照目前南通的房价每平方米2万多元算,他目前的工资每月仅有1万多元,差距太大,实现不了买房的愿望。另外,我家里人要求的彩礼28.8万元他也拿不出来。我的家庭条件还不错,我们四个姐妹,大姐、二姐每个月都赚4万多元收入,而两个姐夫一个开工厂,另一个开了公司,三姐比我大2岁,正处在打拼的阶段。男友家里很穷,他姐姐已经嫁人了,还有一个哥哥没结婚。所以,和他的农村家庭比起来,我们之间相距甚远。

在读书时,我们是异地恋,每2个月见面1次。现在我大学毕业了,刚参加工作,还要经常出差,见面的时间就更少了。他说他可以放弃现在的工作,换到一个离我近的单位,但工资会很低。

我们面临买房的问题,家庭经济实力差距的问题,彩礼的问题,工作的问题都是暂时不能解决的,这些归根结底都是金钱的问题,我们的爱情最终还是败给了现实,他也成了我的前男友。

现在有个和我相亲的男孩对我很好,从我们相亲那天开始,每天都接我下班,带我去吃饭。我和他相处都是为了满足父母的意愿,刚开始和他接触的那几天,我很直接地跟他说别在我身上花心思,我们不可能,甚至我把和前男友分手也说成都是因为他的出现造成的。

我以为他会很在意,但我没想到的是他确实在意,但是并没有放弃,他说他想和我结婚。我和家人因为前男友的事闹矛盾,经常在他面前哭。周末他带我出去,我说晚上不想回家,明天接着玩,他告诉我，这样对我的影响不好，还说服我晚上回家了。我们周末出去玩时，他也很尊重我，吃饭的时候我喝了点儿酒，有些醉了，他把我送回酒店后，就回到自己房间去了。

说实话，我很迷茫，我不知道该怎么选择，你可以给点儿意见吗？

A：

姑娘你好，很多时候两个人在一起，不仅是他对你好不好的问题，更要看你们俩合不合适。至于合不合适，也要看你自己对这段感情的决心。

他究竟是怎样的人，从你的来信里我了解得不深，就先说说你吧。

你才刚大学毕业，男友和你年纪相仿，家里就提了要房和彩礼的要求。我们都很清楚，作为一个刚刚工作不久的年轻人，单靠自己，买房真的很难。你明知道他没有父母可以依靠，这就相当于你直接否定了他。你们还这么年轻，真的要一毕业就结婚吗？我只是想，如果你真的那么爱他，也对他这个人很肯定，为什么不给他一点儿时间呢？

你们不是败给了金钱，而是在金钱和人之间，你没有选择他这个人。大部分人都没有能力在毕业后马上买房，如果真的败给金钱，很多情侣不都得分手吗？

你说了他对你的种种好，但你有没有想过，就是因为他知道有些东西自己给不了你,所以才拼命对你好,希望能弥补你。你的来信给我一种感觉,无论这几年他对你有多好,你只是在享受他对你的好,却从来没有想过你要为他做些什么,包括你家人反对你们在一起时,我不知道你有没有争取过,有没有想过如何说服父母。你并没有坚持自己的选择,你认为自己家人的所有要求都是合理的,既然他做不到,大家都对他不满意,那他就不是最好的选择。可能在你心里,你认为和你的姐夫们比起来,他太差了,也可能你自己也明白,你们俩实在是门不当户不对。

现在你遇到的这个相亲对象,从你的来信中可以看出你对他已经动心了,而且即便是动心之前,你愿意和他出去玩,愿意和他去吃饭,愿意提出晚上不想回家,甚至还在他面前哭,其实都是对他接纳的表现。从你的描述中也可以看出你对他的认可,比如你觉得他很尊重你,你觉得他对你很执着。

所以你问我该如何选择,我想你问这个问题,并不是真的不知道怎么选择,而是你已经做出了选择,但是又不想让自己显得很绝情。你只有表现出左右为难的样子,才能让别人觉得你是一个重感情的人,才能减轻你对前任的愧疚感,才能让自己心里好过一点。

其实我们的成长就是这样,在慢慢长大之后才会明白什么是自己要的,既然选择好了,就坦然面对吧。有时候,不经意出现的那个人,才是你最终需要的人!

祝福你!

要么结婚,要么分手,这样的男人可以嫁吗

一个男人值不值得嫁，
不是看他好的时候对你有多好

Q：

凯哥你好！我和现任男友经人介绍认识，相处已经8个月了，他比我大8岁，成熟稳重，工作勤奋，对我也体贴入微。

我是个大大咧咧、阳光活泼、单纯的人。在遇见现任男友之前，我有过一段失败的感情，对方对我冷暴力，和其他异性暧昧，还与前女友纠缠不休，我坚持了2年，最终选择结束。

后来认识了现任男友，从第一次见面开始，我就觉得他就是我一直在寻找的那个人，特别是他很重视我的感受，不自私。可能因为他年龄较大的原因，社会经验丰富，在工作和生活方面都能给我不少指点，吵架后的态度也让我感到很安心。

但是我的家庭很特殊，我从小被人领养，由领养方的爷爷奶奶抚养长大，初中的时候才和爸爸妈妈一起生活，从小就很怕他们。我还有一个哥哥，他们对他宠爱有加，再加上父母有重男轻女的思想，我一直都过得很压抑，感受不到来自父母的关爱。从那个时候开始我就告诫自己，凡事要靠自己。

我和男友现在的矛盾在于买不起房子，因为他年轻时只想着怎么玩，现在才知道后悔，而且他的家境并不好，从小主要靠他父亲养活一家三口，母亲摆地摊挣不了多少钱，于是我准备靠我们自己的努力实现买房计划。

我爸是做生意的，赚钱很多，他非常反对我和一个条件不好的男人在一起，认为对方年龄很大了，却还不能买房，担心我以后会吃苦。他觉得我现在处于热恋中，不能做出正确的判断。他想通过向我的男友索要很多彩礼这种方式来劝我们分手，后面因为我的坚持，他妥协了。我爸认为，如果我和男友在一起，买房的钱需要双方各出一半，但是男友不同意，觉得我爸看不起他，于是双方的矛盾激化了。的确，我爸一直看不起他，对他的家庭也很不满意，而且他们家人始终也没有给出明确的态度。

我觉得可能眼前的矛盾已经不是房子了，而是双方都没有相互认可，就算解决了房子问题，以后必然还会出现很多别的问题。

现在我觉得他没有之前那么在乎我了，当我有小情绪的时候也不愿意哄我了，陪伴我的时间也没有以前那么多了。我一直觉得可能是热恋期过了，最开始我很想好好沟通，然后解决问题。我对他说出我的感受，也问过他的想法。每次沟通完，他都说没问题，但是后来却说我想让他24小时陪伴我，说我不理解他，说我一直都没有改变,这是他对我最大的意见。现在他说他做不到像以前那样对我好,因为我不理解他,所以他就不可能再包容我了。

他经常出去喝酒,喝到特别晚才回来,我觉得这样对身体不好,所以经常劝他少喝酒。他觉得我总是喜欢管着他,他父母都没有这样管过他,所以觉得特别难受。从那以后,我就再也没有对此多说过一句话了。

因为他工作特殊,我们每个月最多见8次,所以我特别珍惜和他在一起的时间,希望他能多陪我。让我特别难受的就是,每次和我在一起的时候他都特别困,但是和朋友喝酒时他可以喝到天亮,很有精神。

每当我想和他沟通时,他都是一种我想他怎么做,他就怎么做,没什么问题的态度,但是每次都能明显看出他脸上的不情愿,结果每次都以吵架收场。后来,吵架特别厉害的时候,他就用冷暴力逼我说分手,可我真说分手时,他又不答应了。

有时候我在想,是不是我付出的感情和金钱太多了?和他在一起的日子里,大部分钱都是我花的,比如给他买东西,一起吃饭等,但是每次行动上都能看出他是爱我的,只是没有刚开始那样好了吧。

昨天晚上我和他又吵架了,真的太累、太难受了。最后,他提出一个解决方案,就是让我和他立刻结婚,俩人住在一起。他说这样就不会出现这些问题了,我就不再缺乏安全感了,但如果我不答应,那就分手。

我觉得结婚是人生大事,难道就这样草率答应他吗?我内心还是觉得他没有以前那么爱我了,而他又说要娶我,我不知道该怎么办了。

A:

姑娘你好,从你的来信中看,我和你父亲的观点一样,他确实不是一个好的结婚对象。

当然,这不仅只是看家庭条件得出的结论,在选择伴侣的过程中,经济条件只是其中一方面,但是它却可以反映出很多问题。

第一,收入太低。

和你在一起时都是你花钱,说明这个男人收入太低,连和女朋友在一起的开销都不能负担;同时,也因为他没有足够的自尊心,才能心安理得地花女朋友的钱。

第二,自卑感太强。

对于女方父母而言,提出要买房无可厚非,买不起是一回事,但由于女方提出买房而反应过于激烈就是另一回事了。他都没有想到自己应该要努力改变什么,只会在被刺痛后奋起反击,只想着保护自己脆弱的自尊心。

第三,生活习惯不好。

你说他晚上经常出去喝酒,而且还可以喝到天亮,这就足以看出他对生活没什么规划,日子过得随心所欲。

第四,他并没有在努力。

他是挣不到钱吗?不,是他不愿意去挣。真正想让女孩过好日子的男人,下班后可以去做各种兼职挣钱,而他只是出去喝酒,你还想和他一起努力买房,就他这样的,猴年马月才买得起啊?

第五,不考虑你的感受。

他现在逼你和他结婚,完全是不负责任的态度,既不考虑自己有没有结婚的能力,也不考虑自己有没有做好结婚的准备,更没有考虑你的感受。说得不好听一点,他拿什么和你结婚?

我一直在说,一个男人好不好,是不是值得嫁,不是看他好的时候对你有多好,而是看他糟糕的时候能有多糟糕,你一定要明白,他的好只会给你当下的快乐,而他的坏却会给你带来无尽的烦恼。

你爸爸不同意你嫁给他,你觉得爸爸看不起他,不理解你。但你有没有想过,你爸爸这是在保护你,天下没有父母愿意看到孩子过不好的日子。即便你觉得父母重男轻女,但你也说了,最后你爸爸也愿意在买房子时出一半钱,这已经是非常通情达理的爸爸了。当然,可能父母确实爱你的哥哥更多一些,但至少从买房这件事可以看出,你爸爸也是爱你的。

最后,我也想提醒你,越缺爱的女孩,越容易遇到渣男,因为一点点甜就可以填满你的心。真正好的感情,绝不是一点点甜就够了的,更不是他对你好就可以的,还要看对方的人品、性格、受教育程度和家境。现在越谨慎,你将来才会过得越好!

男友买房让我出10万元，还有必要和他在一起吗

千万不要和
只考虑自己的人在一起

Q:

凯哥,您好,我和男友在一起一年多了,我们是去年6月认识的,那时我29岁,他30岁。我本来不喜欢他,但感觉他是个暖男,文质彬彬的,而且追了我四五个月,再加上家里人也一直催着我赶快找个男友结婚,也就答应和他在一起了。

我们俩都是学医的,还是同一个专业,本科毕业后工作4年后都各自考了研究生,两人异地。我平时比较忙,去年年底,他突然来看我。那天下着雪,他的脸都冻红了,我很感动,感觉他对我很用心,心里很暖。他会帮我穿外套,经常给我邮寄小零食,当我心情不好的时候,他也会陪我说话。

今年1月,我们放寒假回家,他先回的家。那天我的老板炒了我,我哭得很伤心,给他发微信,他没回,又给他打电话,他接了,开始安慰我。可是突然他爸叫他,他直接回了一句"我就来"，我的心一下子凉了，他又安慰了我几句之后就挂了，后来也没给我打电话，只是发微信问我好点没。

后来，我回家，他去车站送我，拿了好多他的家乡特产，非要让我带回家。再后来，他回老家了，我给他发视频、打电话都不接，只是微信回复问我怎么了，说他不方便接电话，父母也在房间里，我问他为什么不出去接呢，他也不回答。在这中间，我们还因为小事吵过架，我说我不会做饭，他问那以后谁给他做早餐？我无语了，跟他吵了一架。

我们在一起的第一个情人节，他发了5.21元红包给我，没有送礼物，我告诉自己这是疫情的原因，原谅了他。以前我过生日或者其他节日，他给我发红包都是520元，但我从来不收。我妈对我的家教是，在还没有确定结婚前不能花别人的钱，我们平时吃饭都是他付一次我付一次的。他来看我时，每次都是我帮他付住宿费。

从2月开始我很忙，忙着写论文，每天都熬到凌晨两三点才睡觉。他比较闲，在家天天没事，要求我必须每天给他发信息聊天。我有时候实在太忙，就给他发信息说让他早点睡，他就对我发脾气，然后吵架，吵完了，第二天他跟没事人一样，继续问我早安，对昨天的事只字不提。

吵了几次后，中间因为可能要开学，我就去了我哥家，他就要去我哥的城市看我，我说我太忙了，能下个星期再来吗？他说不行，他要做个新发型参加别人的婚礼，要我来帮忙选。那天他来找我，在我哥家小区门口等。4个月没见了，他没有给我带任何礼物，戴着口罩，也不说话，就那么看着我，我走过去拥抱了他一下，然后带他选发型，忙了一天。晚上回来后，我说我的小侄子在家，我想给他买个玩具。我们一起逛了一家玩具店，我挑了售价100多元的玩具，他嫌贵不让买。后来去超市，他只看便宜的玩具，然后他又帮我买水果，芒果挑小的，什么划算买什么。我说我带着东西回去，家里人也会觉得是他买的，太寒酸了也不行呀，再说本来也是他非要买东西的，他就不开心了，一个人在前面走，我就在后面跟着，他抢着付了钱，我后来又给他发了红包，他收了。中间又闹了几次，我妈一直劝我，说他家庭条件不好，不舍得花钱也很正常，我也就没再说了，感觉心也凉了，吵不动了。

最近，他在老家买的房子要办理贷款了，他想再交15万元，以后每月分期可以少付一些，可自己又没钱，时不时跟我抱怨没钱什么的，我也没说什么，就安慰他。前天，他突然和我说他缺10万元，先给我算算我们实习的时候可以挣多少钱，然后突然问我有钱没有，那意思是让我帮他出10万元。我说没有，他就生气了，第二天全天没理我。晚上，我给他发视频，问他在干吗，他说还缺1万元，谁都不借给他，自己用借呗借的，还很生气的样子。我没说话，今天本来聊得好好的，突然他又说没钱，连吃早饭的钱都没有。我说我们是学生，缺钱很正常，等上班了就好了，他就说不早了睡吧。

我想问凯哥，是我错了吗？我们还有必要在一起吗？

A：

姑娘你好，其实你能发消息给我，说明你应该已经意识到你们不合适了，只是你觉得他各方面条件都跟自己比较适合，又谈了一年多，有点儿舍不得罢了。

从你的来信中看，这个男生不能说算不好吧，只能说他情商不高，不懂关心人，而且也比较自我，更在意自己的感受，或者说更关注自己的利益。这可以理解成是所谓的三观不同，你想要的东西他给不了，而他能给你的，又不是你想要的。和这样的人相处久了，难免会有一些薄情寡义的感受。

买礼物、给红包那些事情都先不说了，虽然给5.21元确实是不太好看，但我们也理解这可能和他的消费习惯有关，但买房子借钱确实不太妥当。首先，一个男人如果顾及自尊，应该自己想办法，而不是向女友借钱。其次，若要借钱，也犯不着一直演苦情戏。一个男人如果总和女朋友说连早饭都吃不起，别人不仅不会觉得他可怜，只会反感，觉得他没用、差劲！中国有句老话："没有金刚钻就别揽瓷器活。"他想多交15万元是为了以后贷款少还一点，可是也应该考虑自己的能力和实际情况。一方面，自己没有能力；另一方面，又希望自己将来面临的风险少一些，那这些压力抛给谁？抛给女友！那是不是可以理解为，他觉得向你借钱不用支付利息，甚至什么时候还，或者还不还也可以不用考虑。至于你会不会为难，或者你有没有损失利息都和他没关系。他只考虑自己划算不划算，能不能减轻压力，那这不是自私又是什么呢？任何人和这样只考虑自己的人在一起，心里都会觉得不痛快的。

最后，我来回答你的问题。你错了吗？没有，至少在我看来，你没有错，错的人是你的男友，他不应该把自己的压力转嫁到你身上。至于还有没有必要在一起，这个问题其实你心里已经有数了。两个人在一起，如果觉得开心快乐，就值得继续；如果不开心、不舒服，还要继续下去，那不是自我折磨吗？

要求男友婚后再买一套房有错吗

一个有能力的女性，
关注点不应该在生活的保障问题上

Q:

凯哥你好，我今年36岁，10年前有过一段短暂的婚史，现在自己做点小生意，收入还算不错，车和房都已经买好了。因为我长相不错，身边追我的人也不少，只不过因为年龄的原因，一直挑不到合适的男友。

前不久，我认识了一个男人，比我大十几岁，但看起来很年轻。他离过4次婚，有一个儿子和一个女儿，都在国外读书。他自己开公司，对我很好，给我的承诺是以后的收入都交给我。

但是现在他说生意不太好做，每个月只给我5 000元作为家用。我和他说，希望结婚后我们一起再买一套房子，没想到他不同意，说自己手上的房产贷款太多，不愿意再和我一起买房了。他不仅不愿意再买房，而且第二个月就不给家用了，并且提出了分手。

我觉得很委屈，他已经有两个孩子了，可是我如果结婚，婚后肯定希望有自己的小孩，如果所有的财产都用来补贴他之前的孩子，都属于他的婚前投资，那我一点儿保障也没有。他说他也觉得委屈，我们都有房子，为什么还要再买。

可是我心里就是不舒服，现在我们已经分手了。我想知道，为什么我好不容易选中一个人，结果却变成了这样？

A：

姑娘你好，看到你的来信，我有一种感觉，在这段感情里，你有点儿太着急了，或者说有点太在意自己的感受了。为什么我这么说呢？

第一，你和他都有房子，为什么还要再买一个你们共同的房子？买房钱谁出呢？

第二，你说你们刚交往的时候很好，每个月他可以给你5 000元家用，但第二个月他就不愿意给了。这是不是说明了你们交往的时间很短，也就是说你其实对他并没有深入的了解。我不知道你们是否已经同居，因为所谓的家用，是两个人共同的开销，只有住在一起才有"家用"一说。他之所以会这么短时间就和你提出分手，我猜想，他应该是觉得才认识你不久，你就要求他每个月给钱，还要求以后买房，于是难免怀疑你动机不纯。

第三，一个男人能离婚4次，那你就要想想他为什么会多次离婚了。第一次可能是双方不成熟，或者是选错人了，那第二次、第三次、第四次，难道都是因为他眼光不准或者还不成熟吗？所以你也要想想，他是不是自己本身也有问题，才会和谁都很难长久。

第四，你自己有能力，各方面条件都不错，那结婚的目的应该就不是只看物质了吧，或者说，不应该只用金钱来衡量感情吧？

第五，既然你觉得他把自己的钱都用在其他地方了，包括养他的孩子，这让你感到委屈，那你就不应该选一个有过4次婚史，并且有2个孩子的男人。你必须知道，只要你选择离异又有孩子的男人，他的收入必然有一部分用来对之前的子女负责。

说完这五点，我建议你好好想想自己想要的究竟是怎样的婚姻。你已经36岁了，作为一个相对成熟，并且经济条件不错的女性，你的关注点更应该是两个人在一起会不会快乐和能不能幸福，而不是像一个20岁出头的小女孩那样，还在意对方一个月给你多少钱，要不要买房子等这些生活的保障问题。

同时，由于你的年龄问题，很有可能将来还会再遇到离异男性，在和这些男性确定关系之前，请你务必了解他之前离婚的原因以及他和前妻、子女的关系，还有他目前的财务状况，比如他需要负担前妻或者子女的生活开销有多少。了解清楚这些情况之后，你再决定要不要和这个人在一起，这样才能保证感情相对稳定和长久！

掌控爱情：让自己有机会遇到一段正确的感情

为什么他明明对我有感觉，却又和别人生了小孩

不要把希望寄托在
一个明确拒绝你的人身上

Q:

　　凯紫老师你好，我一直都在收听你的节目，希望有幸能够收到你的回信。

　　我和他在同一个单位工作，而且是同一个部门。不懂算不算得上有点缘分，以前我们一起在四楼待过，但不在同一个部门，因为我当时还在跟男友交往，对他没有感觉，我也没跟他说过话。

　　后来我和男友分手了，才和他渐渐有了交集。我未婚，他离异。他比我大八岁，有一个儿子跟着前妻。在和他相处的过程中，我觉得他人挺好的，工作认真努力，脚踏实地。

　　当我在工作中遇到难题时，他会帮我解决，遇到胡搅蛮缠的人，他也会过来帮我和他们讲道理，安抚他们的情绪。

　　后来我对他表白了，他那时可能刚离婚一两年，说给不了我爱情，不想结婚，又说我还年轻，还有很多路要走，不要把时间浪费在他身上。我说没关系，不急，可以先做朋友，等他相信爱情了再开始恋爱。

后来我们用微信聊天，一般都是我先给他发消息，他回复，虽然也没有经常聊，但我能感受到他对我也有感觉。比如，他今天心情不好，我问他怎么了，他会一整天都很开心，笑得很大声；或者我说我不喜欢异性离他太近，他就会跟她们保持距离；我不喜欢他为别的异性同事做太多她们原本力所能及的事，他就会让她们自己做。如果我不开心了，他会一直看着我，我回一个眼神或者和他说一句话，他就会笑得像个小孩一样，很开心。我不懂这样是不是代表他对我有感觉，如果不是，那怎样才是呢？

不久以前，同事突然说他老婆生了小孩，我觉得自己就像在做梦一样，一直都接受不了这个事实。不只是我，其他同事也都以为他还单身。我问他，在我跟他表白后，为什么不告诉我他有女朋友，他没有回我。如果他真爱这个老婆，为什么一直都没有在朋友圈发她的照片，也没有公开他们的关系。老婆刚生完小孩那段时间，他还天天去打球，下班也不冲回去照顾老婆孩子。我觉得他一点儿也不开心，并没有因为这个孩子的到来而开心。

我知道我们没有可能了，但我就是想不通，为什么当初他不告诉我他已经有女朋友了。我其实一直在等，直到那天我才知道自己错了。我努力让自己平静了差不多一个月，但每次听到别人问他小儿子的情况，我就会崩溃。比如今天，有的同事想看他小儿子的照片，他说没什么可看的，现在不可爱。我一听别人问他小儿子，我就忍不住了，在旁边说："拿你大儿子的照片给我看。"同事问他大儿子多大了，他说五岁了。我想让自己快点儿忘了他，早点从这段没有可能的情劫中走出来，希望凯紫老师能给我一些建议。

A：

  姑娘你好，我不知道你有没有发现，其实你一直活在自己的幻想里。在你的幻想里，他对你是有感觉的，他是在乎你的，可是你却忽略了他曾经很明确地和你说过他给不了你爱情，不要把时间浪费在他身上。也就是说，从一开始他就没有喜欢过你，也不打算跟你有任何发展，他顶多只想和你保持亲密关系而已。所以，这都是你的一厢情愿罢了。

  你觉得他心情不好时只要你发个消息，他就会很开心，那是你觉得，事实上你根本不知道他为什么开心，又或者为什么不开心。再后来，他老婆生产后他去打球，你没有看到他回去照顾老婆孩子，那是他的事情，是你觉得他不开心，而不是他真的不开心，包括你觉得他不是真爱他老婆，因为他朋友圈没有发过老婆的照片，这还是你觉得。

  你知道爱情是什么吗？爱情不是我觉得他喜欢我，我觉得他对我有意思，而是这个人非常明确地告诉你他喜欢你，他对你有意思。

我不知道你和他之间究竟发生过什么，或者关系发展到了什么程度，我只能劝你以后不要再把希望寄托在一个明确拒绝过你的人身上，也不要把你以为、你觉得的感情当作真爱！

为什么他一边拒绝我,一边还和我保持关系

童年缺乏安全感的人,
成年后容易成为执迷者

Q:

　　我特别喜欢公司里的一位男同事。在向他表白之前,我不知道他有女朋友,表白之后他拒绝了我,告诉我他已经有女朋友了。他和女朋友异地,有时半年也见不到一面。

　　我和他在一个公司,有什么事情都会找他帮忙,他也很乐意帮我。不知道怎么回事,他总是给我一些莫名其妙的暗示,而且还在我们一起做事的过程中对我动手动脚的,因为我喜欢他,所以并不反感这些动作,时间久了,我们就发生了关系。

　　我知道我们之间这样的关系不好,我让他做出选择,他总是说对不起我,其实就是不想对我负责。可是我喜欢他,放不下他,也就这样继续下去了。他也没有明确提出我们之间应该断了。他一边和我在一起,一边又想着他的女朋友,就这样折磨了我三年。

　　我从来没有心安理得的时候,每天都在亏欠他女朋友和想念之间备受煎熬，特别痛苦。最近，我实在忍受不了了，当他去找他女朋友的时候，我把我和他之间的关系告诉了他女朋友。重点来了，那个和他交往的女朋友居然是他的亲表妹。他们就在父母的眼皮底下交往了5年之久，并且从女孩10岁的时候两人就开始暧昧，我被震惊了。

那个女孩疯狂发短信辱骂我，我刚开始心怀歉意，知道自己做了对不起她的事，就没有理她，我也觉得我们之间的事情到这里应该就结束了。可是我和同事每天在一起上班，我的心还是会被他牵着走，每当听见他的声音时，心里还是会荡起涟漪的。

他和他的表妹之间还是保持着男女关系，我也知道我和他之间已经不可能了，所以凯哥，希望你可以告诉我，我以后该怎么办？

A：

姑娘你好，就你现在的这种关系，不需要我告诉你怎么办，你其实心里很清楚自己应该怎么办，因为除了离开他，你并没有其他选择。

你有没有意识到，你现在对他的这种感情是一种执迷的状态，我先说一说怎样判断自己是不是一个陷入执迷的人：

第一，你是不是满脑子都只想着这个人，同时也只想得到这个人；

第二，对执迷对象有着难以满足的渴望；

第三，已经被对方明确拒绝，或者明知道没有结果，要么是肉体上得不到，要么是精神上得不到；

第四，被拒绝或者得不到之后，自己的行为开始反常。

但你知道为什么自己会这样执迷于一个人吗？因为你在追求激情和刺激，但同时又害怕被抛弃，内心极度空虚。在这种性格的人往往过分高估了自己的情感，过分强调了对方对于自己的重要性。

执迷的爱有什么特点呢？

我们都知道，健康的爱情需要相互的信任、关心、尊重，而执迷的爱恋恰恰相反，他对于你而言，只不过是一种渴望，一种想得到自己没有的东西的渴望。执迷者身处这段感情之中时，还总会觉得不满足，会希望得到更多的爱、关怀、承诺、安全感，甚至还有些贪得无厌，所以更容易让对方难以接受，从而选择离开。

执迷者和普通人的感情区别在哪里呢？

普通人虽然在热恋的时候也会充满激情，但是他们会在感情结束之后，接受对方的离开；而执迷者则会想尽办法去留住对方，拒绝分手，或者明知道要分手，还是忍不住又去找对方。

你不妨对照一下我说的以上这些和自己有多少相似之处。明知道和他不会有结果，可是三年了，你还不肯放手。至于他和表妹的关系，那和你其实并没有关系，甚至有可能这个所谓的表妹只是他拒绝你的一个挡箭牌而已。

也就是说，问题不在于他的女朋友是谁，而在于他从来没打算和你在一起，只是你明知道他不想负责任，还愿意和他在一起。至于你受不了他一边和你在一起一边又有女朋友，这也只能说明这个男人的人品很差，对两个女孩都不负责任。

所以，你也要反问一下自己，你究竟爱他什么呢？

在这里，我也和大家说一下，为什么会有人明知道不可能，却偏偏还要爱一个人。本质的原因是因为童年时期依恋关系的破裂，举个简单的例子：

每个孩子小时候都需要妈妈的爱，可是当你需要妈妈的时候，妈妈却不在你身边，或者没给你回应。对于一个幼小的孩子而言，他就会感到害怕，并体会到最原始的被遗弃的恐惧，对家庭的信任也随之减少。若一个人小时候没有得到尊重、爱、鼓励和保护，成年后就会变成内心特别没有安全感的人。这样的人会有"找一个能够带给自己希望的人"的强烈欲望。一旦发现这个人，就很难放手，因为害怕自己被抛弃，所以就会不顾一切地追求这段所谓的爱情。

我猜想，你的童年时期大概也有过这种类似的感受，所以你现在要做的是重新认识自己，了解自己的过去，去思考自己曾经究竟受到过怎样的伤害。

那要怎么才能走出这段关系？

我建议你不妨想象一下，把你对他的爱和执迷想象成压在你的身上的一块巨大的石头，现在你被压得喘不过气来，特别难受，于是努力地站起来，想把这块石头顶起来，扔出去。你现在会不会有一种很轻松的感觉？再想象一下，你走过去看看那些碎了一地的石头，它们就是造成你痛苦的根源。接下来，你再继续想象，你去找来一个锤子，把这些石头敲成了粉末，你把你在这件事上的不满、怨恨、委屈，全部转化成力气去敲碎这块石头，等它粉碎之后，你把这些粉末装到一个桶里，然后带着桶走到一条小溪边，你把粉末倒进去，看着溪水把它们慢慢冲走。现在，你一身轻松地坐在小溪边，听一听山间的鸟鸣，看一看清澈的水流，有没有一种愉悦而又自由的感觉？

通过这样的想象，或者类似的想象慢慢对抗自己的痴迷，并且长期坚持，你心中的执念就会像那块大石头一样，慢慢地被你砸碎。如果有可能，你还可以试着换一份工作，可能两个人见不到面，关系疏远了，你慢慢就能够重新开始了！当然，若要真正解决问题，你还是要能看到自己成长过程中遗失的部分，然后从里面走出来，这样才有可能真正改变自己对待感情的方式！

为什么每次我都真心付出，可是从来没有结果

你有没有清晰的择偶标准，还是仅仅凭感觉投入感情

Q：

你好！我是一个安徽女孩，今年33岁，我谈过四次恋爱，每一次我都真心付出，可是都没有结果。我问过自己很多次，我究竟哪里不好，想努力改进。

第一次恋爱，谈了三个月，他在我出差回来那天跟我说我们不合适。我问过他，我哪里做得不好，他说我太好了，不忍心伤害我。分手后的一个星期，在地铁里看到他拉着一个女孩的手，我没有说话，默默地走开了。

第二次恋爱，也是只谈了两三个月，但是他骗了我的钱和感情，最后这个人还消失了！

第三次恋爱，在我们交往第三个月的时候，他告诉我，他要结婚了，说他一直在等出国深造的女朋友回来结婚。我觉得自己真的好像一个笑话！

第四次恋爱，勉强坚持了三年。在交往的第二年，我发现他已经结婚了，因为老婆不能生孩子，所以两个人没什么感情，这是他给我的答案。我当时想死的心都有，这辈子最讨厌第三者，可是没想到自己却当了第三者！我挣扎过，也和他分开过，可是发现自己已经陷得很深了。

最后，我们协商给他一年时间，可是一年过后，我还是没有等到任何结果。所以我选择彻底放弃！

我只想简简单单地拥有一段感情，他对我好，我也对他好的那种！我没有什么不良嗜好，身材和长相自认都没有问题，性格也很好，没有任何心机。我也问过身边的朋友如果我哪里不好，我可以改，是不是渣男都被我遇到了？家里现在催婚快把我逼疯了！有时候想想，我不如不结婚了，一个人过其实也挺好的，但我也要为父母考虑，他们年龄大了，不想让他们继续为我操心了！

A：

姑娘你好，我能理解你现在的心情，遇人不淑，一耽误就过去了这么多年，确实会焦虑。只是，如果一次又一次遇人不淑，成了"渣男收割机"，你就要想想看，是不是自己的择偶标准出了问题，或者自己的思维有什么问题了。为什么这么说呢？我给你列出了四个原因。

第一，男人为什么会给你发好人牌。

你说自己脾气很好，没有心机，那有没有可能情商低，性格比较无趣，说话不讨人喜欢呢？我看过很多女孩发来的聊天记录，她们不敢表达自己的喜爱之情，故作矜持，反而让男人误解，以为她们对自己没兴趣，最后提出了分手。

第二，为什么你容易被骗。

什么样的女孩容易被骗？一定是缺爱的女孩，从小没有得到足够的关注，于是只要有一个人对她一点点好，都会被无限放大。这样的女孩就很容易成为别有用心的男人眼中的猎物。女孩之所以容易被骗，多半是因为她不明白自己要找的另一半是怎样的人，而且也没有寻找未来伴侣的标准，所以仅凭感觉投入感情。

第三，没有好好想过自己要的是什么。

知道自己想要什么的人，才能更容易找到理想的伴侣。不知道你有没有把自己的择偶标准清晰地整理过呢？或者这么多次失败的经验有没有让你明白，什么样的男人不是你想要的？

第四，没有底线。

没有底线是最糟糕的事情，因为没有底线，所以你会借钱给男人，你会接受和一个已婚男人保持暧昧关系。我可以负责任地告诉你，没有底线的感情，一般都没有什么好结果。

找到这四个原因之后，又应该怎样让自己有机会遇到一段好的、正确的感情呢？

我给你三个建议：

第一，明确自己的择偶标准，外在的和内在的都要明确，自己的标准是什么。

发现有问题的人，应该快速划清界限，不要和在自己底线以外的人保持亲密关系，这样只会是浪费时间，而且消耗感情。

第二，让自己变得强大起来，不要因为别人给的一点点好就沦陷。

第三，希望你不要因为家人的催婚就再次盲目做出选择，其实缘分这种东西，有的人早遇到，有的人晚遇到，只要自己心态好，够积极、够努力，迟早都会遇到。所以不要盲目做出选择，导致一而再再而三地让自己受到伤害。不要为了父母而逼自己去选择，你要明白，你嫁错人，过得不好会让父母更难过。如果目前真的遇不到更好的人，一个人生活确实也挺好的，不要因为自己年龄大了就选择跟渣男将就过日子。

> 孩子马上出生了，老公要和我离婚，我该怎么办

不甘心地坚持到最后，
最终受伤的只会是自己

Q:

凯哥，我已经有二十天联系不到我老公了，昨晚他给我发了短信，说要离婚，我没有回复他。

婆家人和他的态度一样，只是没有明确说让我们离婚，只是说我们一直这么吵闹，以后的日子怎么过得下去，大体的意思就是离婚对双方都好。

我现在怀孕八个月了，不可能不把孩子生下来，可是如果现在离婚，我连生孩子的地方都没有，婆婆跟我明确地说过，孩子生下来她不会看一眼也不会管。那就是可能生孩子的时候男方家的人一个都不会出现，而且，我坐月子也没有人照顾。

前几天去医院检查时，医生让我住院，说有早产风险。老公不管我，给婆婆打了电话，她也不管。我们的存款在婆婆那里，我说那给我一些钱，我自己住院请护工，她不给，就只说没有钱，不管。

　　没办法，最后，我给我公公打了电话，婆婆才给我转了两千元。现在两千元够住院吗？

　　婆婆转完钱跟我说，我自己愿意怎么样，她都不想管。可是他儿子这么不负责任，我还怀着他的孩子，我只能找她。他们现在对待这个孩子的态度就是想把他送人。

　　我给妇联打电话说明情况，他们联系了我老公，我老公说他不会管孩子，也不会照顾我，但在经济上会给我一些补偿。昨晚，他又说他没有能力抚养孩子。

　　我想，只有两种情况，一种是他妈把钱攥在手里不给他，还有一种是他们一家人逼着我起诉离婚。我心里还抱有幻想，幻想我和老公还能和好，可是现实让我明白，我们回不去了。

　　前几天，我爸给我老公发了微信，意思就是说离婚也要等孩子生下来，我生孩子的时候他必须回来，以后什么结局先不管。然后我也请社区工作人员联系他，社区工作人员回复说生孩子的时候他会回来，应该是回来让我和他领离婚证的。

　　自从我上次说要住院到现在已经八天了，婆家人没有问过我一句情况怎么样，没有问过我是否已经住院了，最近身体可好之类的话，我老公更是完全不理我。

　　凯哥，我现在不知道该怎么办了，你能不能教教我？

A：

　　姑娘你好，我能理解你面对这样一个不负责任的男人的无助和痛苦，你的故事让我想起以前我公司里的一个实习生。

　　这个女孩是外地人，家境普通，她自己的综合条件也不算太好，当初找了一个男友，家境优越。两人恋爱不到三个月就打算结婚，请帖也给我们发了，婚纱照也拍了。有一天，女孩突然发现男方出轨，不肯跟她结婚了。当时女孩刚刚怀孕，在这种情况下，公司里热心的大姐劝她别生孩子，反正还没领证，这种男人也靠不住，就算了吧。

　　女孩非常不甘心，说要男友负责，而且之前她借了一万元给男友，要他把钱还了再去打掉孩子。结果拖到孩子四个月了，男方还是不肯还钱，而且连她的电话都不接了。我们领导都出面劝她算了，为了一万元不值得。她还是不肯放手，冲到男方家里，男方父母还不错，说会劝儿子和她结婚，可是父母说的话不管用，儿子还是不答应。当然，钱依然没还，又这么过了两个月。当她怀孕六个月的时候，全单位的人都劝她赶紧结束，她还是很执着地说自己不甘心，不信男方敢不理她们母子俩。闹到最后，孩子出生了。直到生下来的那一刻，她一分钱也没拿到。孩子快出生的时候，她没有地方住，公司领导给她安排住处，同事们凑钱给她的孩子买了奶粉，有些女同事把自己家孩子穿小的衣服拿来给她。最后，在大家的帮助下，她生了一个小女孩。

你以为事情就这样结束了吗？并没有！孩子出生后，原来很嫌弃孩子的爷爷奶奶突然态度发生了大转弯，让她把孩子抱回去给他们看一看，结果没想到看完后爱得不行，不肯把女儿还给她，结果她只能去法院起诉了。最后的结果是，她答应把孩子给爷爷奶奶带，因为她的经济条件确实也不太好，但是每个月她还要给抚养费。而她借出的那一万元，至今都没有拿回来。

这几年，她浪费了青春，生了孩子被别人带走，给自己留下了不必要的牵挂，她的未来不可能不受影响。这一切对她有什么好处呢？没有，完全没有！

我不知道你和这个故事里的女孩有没有相似之处，我给你讲这个故事是什么意思呢？其实一开始，你就已经知道对方有问题了，但是因为各种不甘心，总是幻想自己的坚持可以改变别人，所以最后受伤的只会是自己。

表面上看起来是对方很绝情，但实际上是你一步一步把自己逼入绝境的。我相信，你一定不会是怀孕八个月的时候才发现这家人不行的，可是为什么你之前不离婚呢？而你们又是因为什么原因而闹到这么难堪的地步呢？我注意到你说的话里有一句"我怀的是他的孩子"，难道你认为你生孩子，是为别人生的吗？这不是你的孩子吗？怎么变成了他的？所以你觉得自己走到这一步，都是因为别人的无情造成的吗？

还有，如果身无分文，你怎么生孩子，生完怎么养？这也是需要考虑的问题，每个人都要有为自己负责的能力。如果不懂量力而行，非要把自己弄到糟糕的地步，那还怎么改变，怎么回头？所以我建议你，现在唯一可以求助的，只有你的父母，让他们来照顾你，给你一些生活和经济上的支援。至于你说他们家人逼你起诉离婚，那该起诉就去起诉吧，也别想着他们会主动给你钱，都已经闹成这样了，再幻想和好，别说可能性不大，就算和好了，双方又真的会开心吗？

最后，希望这封信能让姑娘们明白，有的错误一发现就要及时止损，不然越错越离谱，别人哪还能帮得了你！

> 莫名变成了第三者,我接受不了这个事实,怎么办

让自己放下的根本办法是
克服内心的自卑

Q:

凯紫老师,我想跟你说一下我心里比较纠结的一件事。

我离婚四五年了,离婚后我好像有一些自卑,本来自己是一个比较要强的人,做任何事都会尽力,但是离婚后这几年,我心情一直不好,焦虑,没有动力做任何事情。其实我想只有家庭稳定了,自己才能踏实工作。我性格比较内向,接触的人有限,也有点自我封闭。离婚后,我也害怕万一找到不好的老公,也怕他对孩子不好,这几年也没有找到合适的人选,总之,我的人生一败涂地!

现在,我有一个交往对象。在两个月前,我知道他一直对我隐瞒已结婚后,内心很痛苦,因为心里还爱着他。可我却莫名其妙地从女朋友变成了第三者。我问他为什么要置我于这样的地步,当初在一起的时候为什么不说,要是说了我不会考虑和他在一起的。

他说他和妻子没有感情,虽然还同住在一个屋檐下,但是分房睡了。我跟他说，这不叫分居，而且据他所言，他的其他家人也不知道他们感情破裂。之前，他还主动说要见见我的家人，因为我姐姐也和我们在同一个城市工作。现在，他忽然说已经结婚了，我实在难以接受。

我跟他说，如果你们还没有离婚，我们就暂时不见面了，我可以等，但当我问他需要多长时间，半年还是一年时，他却说不知道。

后来，我们一直没有再见面。我心里特别想他，自己也走不出来。他后来就没再找我了，我发信息他不回，打电话也不接，足足有一个月没联系我了。是不是他一直在欺骗我的感情，只是我不愿意接受这个事实？

A：

你好，首先你要知道，很多已婚男人和妻子以外的女人暧昧的时候，都会有很"合理"的理由，比如这些：

第一，我和老婆没有感情；

第二，要不是为了孩子，我早就和她离婚了；

第三，我们早就分居了；

第四，我见到你后才知道什么是真爱。

很多女性会被这些甜言蜜语迷惑，从而选择相信渣男，但是你们可以想一想，如果他不这么说，怎么让你上当呢？

更糟糕的问题是，一个已婚男人以未婚的身份接近某个女性的时候，他的目的就已经不单纯了，这明摆着就是欺骗。你不用问他是不是在欺骗你，如果这都不算欺骗，那怎样才算欺骗呢？

你不愿接受这个事实，未必是因为你有多爱他，而是因为你被他骗了，并且投入了感情，这让你感觉到很伤自尊。你以为这个男人会不介意你的过去而和你在一起，最终却发现他欺骗了你。

你原本对他说，既然还没有和妻子离婚，就暂时不要见面了，是希望他为了见你赶紧离婚，以此来证明他对你的爱，但后来你却发现，他可能正在等你说这样的话。于是你除了感到伤了自尊，还存在不甘心，认为先离开的人应该是你才对，怎么会是他呢。

所以你要明白，你接受不了这件事，实际上是你无法接受别人伤害了你的自尊。因为你的内心不够强大，才会特别在意自尊。如果想让自己真正放下这段感情，最根本的办法是慢慢克服自卑心理，调整焦虑情绪，让自己的注意力从感情转移到工作上。只有内心平静，性格开朗起来之后，你才不会让渣男乘虚而入，才有机会遇到一段好的感情。

他如果不喜欢我，为什么要纠缠我

你对爱的渴望和对孤独的恐惧，
超过了你对感情的要求和对未来的期望

Q：

凯哥你好，我今年28岁，目前在帮老板打理一家餐厅，去年8月，因为公事认识了一位男生。我们断断续续联系了一个多月，后来发现自己喜欢上他了，每天都很期待能收到他发的消息。

因为曾经遇到渣男，受到过很大伤害，怕这次的男生也伤害我就删除了他的微信，后面他一直不停请求添加好友，我心软就又加了回来，没过多久我们就在一起了。但因为工作原因，我经常需要两地跑，跟他在一起的时间并不多，基本都是靠微信联系的。

我发现每到晚上，他就总是不回我信息，经常第二天才回。我问过他，他说是晚上要帮家里干活，没有时间看手机，有时候忙完就睡觉了。刚开始我相信他，并没有多想。这样过了两个月，有一次，我看到他手机通信录里备注是"宝贝"的一个人给他打电话过来，他解释说是前女友，分手了，但备注还没有改过来，我又一次相信他了。

因为工作性质的原因,他的工资很低,而我的收入是他的三倍,在这一点上他一直很介意,觉得自己配不上我,说怕我不要他。所以平时跟他在一起,不管说话还是做事我都很照顾他的情绪,怕触碰到他脆弱的神经。送他礼物也是挑质量好的,希望他不输给别人。为此,他也一直跟我说这辈子我就是他要娶的人,他没有我不行,而且也带我去见过他的朋友。

年底,我提出要请他父母吃饭,刚开始他说我安排就好,后来却总是以各种理由推脱,有一次还跟我急眼了,我也就不再说了。我的父母知道我有男朋友了,让我正月的时候把他带回家,刚开始他说好,之后也是用各种理由推脱,后来碰上疫情,他又躲了过去。

第二年的大年初五,他从老家回到了我们工作的城市,他基本上每天都会来看我,偶尔在我家过夜,为了能尽可能多跟他在一起,我有时候也会过去找他。就这样一直持续到了三月。

那天晚上他喝了酒,睡得比较熟,手机响了没有听到,我被吵醒了,拿过手机一看,还是那个他备注了"宝贝"的人给他打来的,我当时就按了接听,但是没说话,他发现后抢过去直接挂掉了,然后一直让听他解释,我当时情绪崩溃,扇了自己好几个巴掌,他被我吓到,直接跑出去了。

之后他又回来了,说要跟我坦白。他说自己其实已经结婚了,并且孩子已经六岁了。他说跟老婆并没有感情,之所以结婚是因为当时有了孩子。他让我等他,说等他跟老婆离婚了就和我结婚。我问他等多久,他问我希望多久,我说最多一年,他说好。

那段时间他对我比以前好很多,我跟他闹脾气他也都让着我。可是我心里过不去,一直想着这件事。有一天晚上我打了他另外一部手机(他有两部手机,一部手机只跟我联系),是他老婆接的,后来他老婆跟他闹,问他跟我是什么关系,他说没有关系,是我一直缠着他的。他老婆第二天找到我,问我是不是真的跟他在一起了,如果是,她愿意跟他离婚。我为了他,还帮他跟他老婆解释,说是我喜欢他的,他没有理我,都是我一直缠着他的。他老婆说,他也是这么跟她说的,还说不会跟她离婚。

后来,他来找我,埋怨我,说我把他害惨了,现在他家里人都在责怪他,让我以后乖乖的,不要再给他惹麻烦了。我答应了,但是没做到,这样的事情后来又发生了两次。现在,我们见面很难,他老婆天天盯着他,基本走到哪跟到哪。

直到上个月,他给我打电话被他老婆撞了个正着,他老婆把他那部手机抢走了,翻了个遍,把我们的合照都备份到她自己的手机里了,后面也开始说很多难听的话羞辱我。自那天开始,他没有再跟我联系,我打电话过去,他都恶狠狠地叫我别再找他了,他已经烦死我了。

这段时间我像疯了一样,每天吃不下、睡不着,就是想着他,放不下他。可是当我决定跟他彻底划清界限的时候,他又来找我,给了我一丝希望,让我觉得他是逼不得已才这样对我的。我现在很痛苦,每天都得吃药才睡得着。

A:

姑娘啊,看到你的这封信,我都觉得心疼,好好的一个姑娘,被这个男人折腾成什么样了呀!我能不能先问问你,你喜欢这个男人什么呢?喜欢一个人总是要有理由吧?至少从你的来信里,我看不到他有任何优点值得你喜欢。

我来给你梳理一下:

第一,他一开始就死皮赖脸地缠着加你微信;

第二,一个大男人,收入居然比你低那么多;

第三,你刚开始就发现这个人不太对劲;

第四,他性格敏感又脆弱;

第五,他欺骗你!

这里全都是缺点,那么优点呢?

为什么有像你这样的女孩喜欢上这样一个糟糕的男人之后,明知道自己被骗了,却还不舍得放手呢?因为你实在太需要爱了,你对爱的渴望,你对孤独的恐惧,超过了你对感情的要求和对未来的期望,于是你明明知道这个男人真的不行,还是不能放手。我想告诉你,当一个女人看错男人的时候,对她而言,这可能是一件毁灭性的事情。

有句话说得好：人，永远不要在烂人和烂事上纠缠。

你对他理解而又包容，以及知道他在婚姻上对你隐瞒后做出了让步，你得到了什么？很多女孩会说，在一段感情里，要么有爱，要么有钱，而你的这段感情呢？爱和钱都没有。

你可能会说，他还是对你好的，因为他不舍得放手。不，我告诉你，他这不叫对你好，这是对你的纠缠。你可能会问了，他如果不喜欢我，为什么要纠缠我呢？

我告诉你答案，因为他和你在一起，几乎不需要付出任何代价，你却还能把他当成宝，这种明摆着划算的事情，对他来说，何乐而不为呢？而且遇到这样的人，你越认真，他就会和你纠缠得越紧。你却还傻傻地觉得他有什么不得已，难道骗你是不得已的吗？难道伤害你是不得已的吗？他用这种蹩脚的谎言欺骗了你一次又一次，除了让问题越来越严重，让你受到的伤越来越深之外，还有什么呢？

所以我建议你，赶紧结束这段糟糕的关系吧，千万不要因为不甘心而死耗着。你要知道，他所谓的爱你，只不过是爱自己，爱"家里红旗不倒，外面还能彩旗飘飘"的感觉。他带你去见他的朋友，不是想要让你融入他的圈子，而是向朋友炫耀自己有魅力。姑娘，真的，赶紧止损，不要再痴迷了，在这种事情上痛苦和沉沦，最终受害的只能是你自己。

他常常不回消息，是不是暗示我该放手了

你对他的定位本来就只是
一个消遣对象

Q:

我34岁,老公曾经出轨,还对我家暴,我们的感情不太好,签了离婚协议,但还没离婚。他33岁,和老婆分居五六年,也没办理离婚手续。2018年,我们在网上相识,聊了大概半个月后,就发生了关系。

那时候,我是一家公司的出纳,他是某个国企的一名高管,可是7月,他负责的工程项目涉及省厅干部贪污案件被调查了,他被单位辞退,失业了。那段时间,他的心情很不好,我们大概有一个月没见面,我一直很担心他,没事就发信息安慰他。后来,他又被儿子上小学的问题困扰了一段时间,没有和我联系。

9月,我也因为孩子上学的问题辞职了,这样我们就有机会经常见面,经常一起做饭,一起打游戏,那种感觉很像夫妻。他每次都会把我哄得很开心。慢慢地,我感觉自己对他产生了依赖,会因为他不发信息给我或者不来找我而心情低落。

2019年春节前，我们一起去理发时，遇到了他的高中女同学。为了不让他同学起疑心，我让他理完头发先走！最后，他同学还是拍了我半张脸发给了他的妻子。他回家后，妻子问他我是谁？他说是哥们儿的妹妹，就这样搪塞过去了！马上要过年了，我们就收敛了一些，没怎么联系。年过完了，他还是没有和我联系，我给他发信息可能言语有点过激，他来找我，要和我分手，我没有拒绝！没过多久，他又主动发信息来，说要来找我，我同意了，这样，我们又在一起了！

2020年2月，由于孩子写作业需要用他的手机，他妻子趁机翻看了他的手机，发现了我们的事，便开始和他闹，3月6日他们办了离婚手续。其间，他一直都跟我保持联系，告诉我发生了什么事情，但是自从领了离婚证，他就没有再联系过我。我心里其实也有些自责，想安慰他，刚开始他不理我，后来，他说了一些没事、死不了之类的话。失业以后，他没有工作，最近在开出租车，常说在开车，不回我消息。

凯哥，现在的我不知道怎么办，是不是他在暗示我该放手了呢？说实话，我心里有点舍不得，也不甘心。请凯哥帮我分析一下，接下来我该如何面对和选择？

A：

　　姑娘你好，看到你的来信后，先说第一个问题，为什么你和老公签了离婚协议，但是还不离婚呢？你有没有意识到，如果你们没有离婚，就意味着你们俩都属于婚内出轨！因为双方都是婚内出轨，所以谁也没法对谁负责，谁也不能让谁负责，那你还凭什么要求他对你认真，又还有什么无法选择的呢？你要选择也要有一个前提，那就是你必须单身。

　　第二个问题，这个男人和你认识的时候号称自己是国企高管，可是因为负责的项目涉及贪污，被单位辞退，于是失业了。你不觉得这是一个蹩脚的谎言吗？有这么几个地方不对劲。第一，既然是负责的项目涉及贪污被牵连，他还是高管，那怎么会只是被辞退而已，难道不需要承担刑事责任吗？第二，能当企业高管，那被辞退之后换工作应该是很容易的事情，怎么至于去开出租车？就算要开，应该也是开普通网约车，为什么会是出租车呢？你有没有想过，恐怕他本来就是一个出租车司机？

　　第三个问题，他和你去理发的时候，发现他的高中女同学，你让他先走了，可是这个女同学还是把你的照片发给了他妻子，这也有问题。第一，他的高中女同学为什么会认识他老婆？在现实生活中，大部分女人都不可能和老公的旧同学成为闺蜜。第二，如果那个人真是他的同学，发现了也会先问他，而不是先向他老婆汇报。难道他得罪了这个高中女同学？可是既然都得罪了，怎么还会认识他老婆呢？

　　还有，从你们年后发生矛盾到他离婚，所有的一切都是他在线上告诉你的，你无法确定他说的就是事实。他不联系你，其实也未必是因为离婚了，你们认识这么长时间，他不是每隔一段时间都会不联系你吗？等到觉得自己需要你的时候，他又会再来找你了。

　　回到你的问题中，你问他是不是暗示你分手，应该这么说，他大概从来也没有想和你有什么结果，你对于他的定位本来就是一个消遣对象。就像我前面说的，事实上，你和他一开始就都有婚史，现在你就算不放手，又能怎么样呢？至于你问要怎么选择，我想，不妨等你彻底结束上一段婚姻之后，再来问这个问题吧。

获得安全感：真正的安全感，是你内心的强大和足够自信

用小号试探男友，
他居然上钩了，
还要在一起吗

考验就是一场以透支信任和感情
为代价的游戏

Q:

凯哥你好，关注你好几年了，每次看你对事情的评论，我都能有新的感悟，原来都是看别人的故事，这次我想跟你说说我的事情，希望你能给我一些建议，我现在真的很迷茫。

我25岁，和男友在一起两年半了，刚开始的时候我们的感情有些坎坷，一方面是家庭条件的悬殊，他家条件不是很好，但我家条件很好；另一方面，我们是异地（他上班十天休息十天），所以不被周围人看好，但我坚持下来了，因为他不仅对我很好，有上进心，对我家人也特别好，而且对长辈很孝顺。后来，我们也约见了对方家长，打算明年年底结婚。

两周前，我注册了一个小号试探他，跟他聊天，他没说过什么暧昧的话，只是回复我的消息，也坦言自己有女朋友，并且很爱自己的女朋友，而且快结婚了。聊了几天后，我就约他出来一起玩，他竟然答应了说来找我,并且定好了酒店,还说早上起床就得走,不要有感情牵扯。当时看到这样的回复,我就崩溃了,因为我之前特别信任他,于是当时就拆穿了他,但是他和我解释说只是好奇这是个什么样的女生,并不敢真的和她出去。

我身边的朋友劝我和他分手,我的家人说这件事也怪我,不该试探他,因为男人大部分都是这样的。和他分手后,我能确保以后遇到更好的人吗?而且这次我也没抓到现场。他这个人看着不错,其他方面也都没什么问题。他也跪下求我原谅,说以后再也不会这样了。

所以凯哥,我该怎么办呢?我很纠结,首先是出了这件事心里难受,怕以后再发生这样的事;其次是我们还互相爱着,分手后怕再也遇不到对我这么好的人了。

A:

姑娘你好,虽然我很理解你的纠结,但我真的很想说:你这是在没事找事。

你知道你做的是什么事吗?你这是在考验人性!我想问你,你口口声声说自己特别信任他,那还需要考验他吗?你的做法只能说明你根本不信任他。你以为你现在考验他,是他伤害了你,但你错了,实际上是你伤害了他。而在我看来,考验人性本身就是一个非常愚蠢的行为,你不断增加难度,目的就是要让他上钩,当他拒绝你的时候，你又一步一步诱导他，直到他掉进你的陷阱里。反过来，如果他冒充一个高富帅来追你，不断诱惑你，你能保证自己不动心吗？有句话叫作"己所不欲勿施于人"！

这时候你大义凛然地站出来揭穿他，还把责任都推到他身上，到底是他的错还是你的错呢？你考验他的目的，究竟是不相信他会只爱你一个人，还是你不敢相信自己值得这么好的男人爱呢？我想，这才是你要反思的问题。

我还想给你讲一个故事，明朝万历年间有一桩奇案：有一户人家，儿子常年在外经商，留下媳妇在老家伺候公公婆婆。这个儿媳妇非常孝顺，伺候公公婆婆细致体贴，态度特别好，这引起疑心病比较重的婆婆的猜忌，怀疑儿媳妇和自己的老公有一腿。有一天晚上，婆婆想到用一条"妙计"去考验儿媳妇。她穿着自己老公的衣服，偷偷潜入儿媳睡觉的房间，从后面抱住了她。儿媳想挣脱，却怎么也脱不开身，就反手用自己的指甲把婆婆的脸抓得稀巴烂。婆婆痛得要死，只得松开手逃回自己的房间，在慌乱中，儿媳妇趁着月色看到了公公的衣服，认定自己就是被公公欺负了。

第二天一大早，婆婆谎称自己病了没有起床。儿媳妇则跑回了娘家，向自己父亲告状。老父亲一听，怒不可遏，跑过去兴师问罪，却发现公公的脸上完好无损。他以为是女儿骗了自己，回家之后把女儿训斥了一顿。明明是自己被欺负，怎么被骂的是自己？先被公公欺负，现在又被父亲骂，她怎么也想不通，一气之下竟然自杀了。

女儿死了，父亲老泪纵横，懊悔不已，于是就报了官。官府把公公抓来审问，公公打死也不承认，可是又拿不出证据。至此，案子陷入两难的局面，官老爷毫无思绪，总不能屈打成招吧？这个时候，邻居提供了一条重要的线索，说自己看到他们家老太太脸上有伤，于是官府把婆婆抓来拷问，真相大白于世。

这个案子在当时引起了轰动，还被冯梦龙记录在《古今谭概》里，名叫"婆奸媳案"。

你看这个自以为聪明的婆婆，想考验儿媳妇，却闹出了一条人命，还把自己送进了牢狱，媳妇是经住了考验，可是结果呢？

所以我想提醒你，考验就是一场以透支信任和感情为代价的游戏。你以为你考验的是别人，其实你同样也考验了自己，你以为你是游戏规则的制定者，其实你也是身在迷局而不自知。所以这件事情从一开始就错了，千万不要刻意考验别人，因为你无法控制过程，也无法承担后果。

男朋友不回消息也不接电话,是不爱我了吗

真正的安全感是
你要让自己变得更好的决心

Q:

我们是两年前在一个培训机构里认识的,我是学生,他是老师。

也许是仰慕,也许是崇拜,看着他讲课的样子,幽默诙谐,我渐渐地喜欢上他了,而他也不知不觉喜欢我了,就这样,我们开始了异地恋。

刚开始,我们每天都在思念中度过,每一次相见时都要计划下一次怎么见面。

时间过去了一年半,今年暑假之后,我们的感情淡了,开始没有那么多话讲,他对我的关心与在乎也慢慢变少了。

也许受家庭的影响,我的性格敏感、偏激、缺乏安全感。每一次他对我的忽视都会被我转化为愤怒与不甘,我就会逼问他,然后伤害自己。我低估了他在自己心中的位置,我想逃离这一切,想分手,以为这样我就可以不难过了。可我一次次提分手,又一次次被他挽回。可能真的是次数太多了，在他口中，这些都成了我对他的威胁。

11月，我们已经三个月没有见面了，深深的孤独感让我迫切需要他证明他爱我。当我心情不好时，我们会吵架，而每次吵架他都不说话，他说他讨厌吵架。

我在他面前哭得撕心裂肺的，而他却无动于衷，甚至说他害怕我了，害怕跟我通电话。我不能失去他，所以我开始改变。但是好景不长，孤独与不安让我一次又一次怀疑他对我的爱。我想，唯一可以让我打开心结的是他来找我，之后我慢慢地也就会变好了，但他说奖学金还没有发，路费不够。

跨年夜，他跟我打了声招呼就出去玩了，别人的狂欢却让我越发觉得孤单。我给他发消息说我觉得自己好孤单，他没有回应。元旦那天，我看到他在朋友圈给别人点赞，我想，我再等等就会等到他的消息了，可是一直等到下午，我等不及了就给他打电话，一个、两个、三个……一直没有人接，直到关机。晚上，电话终于打通了，我的委屈和失落一拥而上。我质问他，他说他的手机丢在了酒吧，我知道一切都是谎言。他说他那时候正在玩游戏，害怕接了电话也只是敷衍我，只想见面再跟我好好说。我问他，是因为怕我再给他打电话所以把手机关机了吗？他承认了。

我恨他，带着他给的伤害拉黑了他。因为他做了这么过分的事，我觉得自己不能忍。我以为这样自己就可以忘记他了。但随着时间的流逝，我对他的不满也一天天减弱，看到他发来的验证消息，我还是原谅了他。但是我却不能消去自己的怨气，我想让他理解我的心情，可他却说我太夸张，说不至于这样，天天用分手威胁他。于是我们又开始吵架，我又一次面对他的沉默和他厌倦我逼问他的话语。又是一个带着眼泪入眠的夜晚，我好恨自己。到底是我太敏感，还是他已经不那么爱我了？我该怎么办？

A：

　　姑娘你好，你看，你也知道自己的问题：性格偏激，缺乏安全感，但是你可能不知道，这样的性格不仅会伤害自己，更会伤害爱你的人。

　　恋爱应该是一件令人快乐的事情，但你的恋爱呢？每天都好像是一根紧绷的牛筋，男友和你在一起不能有自己的感受，必须完全照顾你的感受。我不知道你有没有想过，难道就只有你会觉得委屈和失落吗？你难道没想过，可能他也同样会很委屈、很失落吗？

　　没有人能够随时对你做出热情的回应，但你却可能把别人的延迟回应视为对你的忽视。

　　请想象一个画面：你男友今天晚上正好要加班，在开会时手机由于设置了静音没有接到你的电话，你开始怀疑他到底干什么坏事去了，脑子里幻想了一百种画面，你越想越不安，越想越觉得他做了什么见不得人的事。等他开完会拿起手机吓一跳，几十个未接来电，上百条未读信息。实际上，他只不过是在开会而已。

这样的事情经历一次、两次，对方可能会觉得是你对他的关心，但是次数多了只会让人觉得厌烦、压抑和痛苦。

有很多女孩都可以用"我没有安全感"来解释自己在恋爱中的"作"，在此我想奉劝女孩，你之所以会没有安全感，并不是因为这个男人给不了你安全感，而是你要的不是安全感，而是叫作"他必须随时随地以你为中心"！所以如果一个女孩用这种状态恋爱，那感情出现危机就成为必然了，这不是对方对你好不好的问题，而是无论遇到好的还是不好的，你都会出问题。

你问我到底是你敏感还是他不爱你了，那我只能告诉你，如果你总是用这样的一种心态去爱别人，那真的就不是别人不爱你，而是没有人敢爱你了。在生活中有太多女孩和来信的这位姑娘一样，在感情里过度寻求安全感。真正的安全感是什么呢？是你内心的强大，是你足够的自信，也是你要让自己变得更好的决心。我希望姑娘们都能明白，安全感可以通过很多种方式获得，但唯独别把安全感寄托在和某个人的感情上。想要的东西，应该自己努力争取，只有这样，你才能收获稳定的、持久的感情。

他妈妈逼他分手，他却和我保持关系，他是喜欢我吗

一个好女孩,
适当地矜持还是很有必要的

Q:

2018年12月,为了尽快走出上一段感情,我和一个比我大9岁的男人迅速确立了关系。如果说上一段感情是懵懂的、是初尝禁果的激动与惩罚,这次就像是吃到了最后一颗禁果——是苦的!

他最开始说自己的没有那么喜欢我,因为他的青春里已经留下最爱的女孩的日记,27岁的年龄已经不允许他再想情情爱爱了,他只想结婚!刚开始,我也没有太多感受,毕竟我的悲伤还留在上一段感情里,可是他的温柔却一点一点侵蚀了我的防线!

有一天,我们喝得有点多,我被他带回了家。他是北京人,家里就他这么一个独生子,也只有这么一套房。

从此我就开始住在他家了,刚开始和他爸妈相处得还好。后来有一次,我嘴太快,说我血压高,我妈还酗酒,给他家人留下了不好的印象,于是他们不同意我和他在一起。他无奈而委婉地跟我说了之后，2019年1月，我搬出了他家。虽然很难受，但也怨不得别人，都是我自己的问题！

从他家搬出来后，我们还继续交往。后来有一次，我跟我妈吵架，一气之下又从家里搬了出来。那天晚上，我拉着行李箱，他说你打车过来，我在某某地等你。当时那种全世界都不要你，但还有一个人在等你的感觉，我这辈子都忘不了。我一点一点沦陷在他的温柔里，那种安全感是我想要的，可是他这个人不会说话，也不懂如何哄人。在那段时间里，他的工作也遭遇了变故，生活压力挺大的。6月，我们发生了口角，也互删了联系方式。

后来，我们又和好了，可是依旧改变不了他家里人对我的看法，他们还是不同意我们在一起。我们日常就在酒店里见面，也不会去其他地方，我一直告诉自己这是因为他忙。12月2号他生日那天，我真的受不了他的冷暴力，就提出了分手，可是分手后我每天都在后悔！

后来，在一次又一次的聊天过程中，我们又莫名其妙地好上了。他说冷暴力的那段时间是因为他妈曾经拿刀自杀，逼着他分手，可是为什么他还要和我睡呢？后来，我们也只是在周末见面，他真的喜欢我吗？

A:

姑娘你好，从你的来信中看，其实你并不知道哪里出了问题。

事实上，你这段感情从一开始就已经预示了要以悲剧收场，中间原本有过可以好好发展的机会，可惜你没有把握好，最后才会一败涂地。你就是一个典型缺爱的女孩，要的不是一个爱你的人，而是一个可以帮你打发寂寞时光的人。你只是一个没长大的孩子，并不知道什么是爱，也不知道如何维系爱。

那你的感情究竟有哪些问题呢？

第一，你快速和这个男人确立关系，而快速就意味着盲目和草率。就像我前面说的，你只是想找个帮你打发寂寞时光的男人，而他刚好和你想法一致，所以你们能走到一起。也就是说，你们彼此的开始，都不是因为感情，而是因为激情。

第二，他一开始就告诉你没那么喜欢你，这表示他一开始就只想和你发生亲密关系，而不想和你发展亲密感情。当女孩接受一个男人说"我没那么喜欢你"的时候，就相当于你告诉他："我对你没有底线。"

第三，你喝多了被他带回家，然后就在他家住下来了。任何负责任的父母都希望自己的孩子认认真真找一个好女孩，而不是随便找一个喝多了的女孩带回家，而且居然还就从此住下了。对于他而言，你只是一个带回家一天就不走了的女孩。这种行为只会告诉他以及他的父母，你不仅没有什么可以挂念的人和事，还是一个比较随便，而且不懂自重的女孩。

第四，你说是自己嘴太快说错话导致他父母不同意你们在一起。不，这不是你嘴太快造成的，而是他们原本就不满意你这个人，然后在生活中，你的种种缺点不断暴露出来，让他的父母觉得你越来越配不上他们的儿子。如果你足够优秀，血压高和酗酒的妈妈根本就不是什么原则性问题。

第五，他之所以对你冷暴力之后还要和你睡，是因为他和你在一起的目的就是这个。并且在相处的过程中，你所表现出来的也是心甘情愿地接受，所以你的问题不应该是为什么他还要和你睡，而是你为什么明知道他不会和你有结果，还愿意和他睡呢？

第六，他喜不喜欢你？其实这个问题就不用我说了，如果你不自欺欺人，自己心里肯定知道答案。另外，我也要提醒姑娘们，一个男人喜欢你和喜欢和你发生关系，两者看起来很相似，实际上区别却很大，但女孩往往都会把男人喜欢和自己发生关系理解成喜欢自己。

说完这六点，凯哥特别想和姑娘们说，我不是一个保守的人，也不认为恋爱期间不能发生亲密关系，但作为一个好女孩，适当地矜持还是很必要的，这体现的是你的价值和你的态度。如果你把自己变得不值钱，那你让男方和男方的父母怎么重视你呢？尤其是在没有用正式的仪式确定关系之前，比如双方父母见面，订婚之类的，我建议女孩不应该主动到男方家里和他父母同住。

还有就是希望每个姑娘都能对自己的感情负责，不负责任的开始必然导致不尽人意的结局。所有的结果其实都是一开始就注定的。一段好的感情，必然是建立在两个人深入了解和理性谨慎的选择之上的。

另外，姑娘你要知道，如果你还是继续用"为了爱而爱"的情感模式恋爱，那么极大可能会在一段又一段的感情里撞得头破血流。只有让自己成长起来，让内心丰盈并且强大起来，克服在成长过程中缺失的安全感，你才能真正收获好的感情。

男友手机里藏着不愿删除的女孩,他到底爱不爱我

你连他爱你都不敢相信，
是有多自卑

Q:

凯哥你好，我一直默默地听了你很多文章，有时听着别人的故事却流下了自己的眼泪。我一直在感情的漩涡中苦苦挣扎，感觉快要窒息了，希望能得到你的回复。

我是一个很普通的女孩，今年27岁，从事美容行业，不算漂亮，但也五官端正。男朋友今年38岁，最初我是因为和前任分手，工作不顺心以及各种压力下认识他的。刚开始的时候，他天天接我下班，带我吃夜宵，再陪我散步回家，听我诉说着开心与难过的往事。交往半个月左右，他搬新家我去帮忙，所以就很自然地在一起了。他是外籍华人，自己在中国生活，家人都不在身边，想来我和他都是因为寂寞和无聊才互相取暖。他是一个挺实在的人，不爱乱花钱，对我说不上好，但也不算差，两个人偶尔斗斗嘴，相处得也还好。

大概在一起5个月左右的时候，我一个闺蜜的老公在她怀孕的时候出轨了，因为常常陪她，听多了这方面的事，我便也开始怀疑男友。

一天晚上，我和闺蜜聚会完就去了男友家，他当时正在洗澡，而我准备帮他收拾桌子，看到手机屏幕没锁，便点进去看看。结果看到他给一个女孩转了5 000元，而且在我们交往的5个月里，他们每个月都在联系，就连我们去外地玩时住的酒店的夜景他都拍给她看。那女孩从照片看起来大概24岁左右，很年轻，很阳光。我很生气地冲进洗手间，问他白天我打电话给他时他去哪里了，他死咬着说去游戏厅了，于是我扇了他三个耳光。除了争吵外，这件事并无结果，我很伤心地删掉了他的联系方式。

后来，我们各自到外地找朋友，其间，他的朋友发消息做我的思想工作。20多天后，我心情平复下来了，心平气和地和他聊了很久。他说一年半以前，他妈妈突然中风成了植物人，他很难过，去按摩时认识了那个女孩。后来，他让女孩别做那行，缺多少钱他可以给她补偿，女孩不愿意，于是他们分开了。他答应会删了女孩的联系方式的，我选择原谅他。回来后，我们重新在一起了，他变得温柔了，也对我多了一些包容。我要求他银行卡的信息提醒通知改成我的手机号码，他也答应了，这样他的工资有80%存在我的卡上。

我们都小心翼翼地相处着，有一天晚上一起看电视时，我拿过他手机输入那女孩的名字，却发现他还没有删除她的联系方式，于是我们又开始争吵，他说他不知道怎样删除，以为删掉聊天记录就算删除了，然后让我教他怎么删。我知道这是在骗我，吵完也就算了。其间我们总会因为各种小事吵架。

2020年过年的时候，他带我回家见了他的家人，到国外；我手机没有信号，他把手机给我，我再次查看他手机，却发现在我们吵得很严重的时候，他又找那个女孩按摩了，而且我还看到了转账记录，但他不承认，说只是找她聊天。他说他们在一起时从不会吵架，我相信，小姑娘不但人漂亮，嘴巴还甜。我常常会突然间想到她，想到他和她之间的事，我就会莫名的难过，不开心，我们总是不断争吵，他说和我在一起很累了，但谁又不累呢？

我分不清他在乎的是谁，也不懂他的心。哪怕他后来对我还不错，也带我回家见家人了，我还是会怀疑他是不是喜欢那女孩比喜欢我多一些，只是觉得我适合做女朋友，适合做老婆才带我回家的。如果我们以后吵架，他是不是还会去按摩店找那个女孩？凯哥，你能告诉我怎么办吗？

A:

姑娘你好，我说的这些话可能你很难接受，但我还是想提醒你一下。不知道你有没有意识到，你是在一次又一次将你男友推到那个女孩身边，可能原本那个女孩对他而言不过只是生命中的一个过客，这样的过客对于大部分人而言，时间一长，自然而然就会淡忘。你现在的做法却是不断提醒你男友想起她，你们的每一次争吵，都是在给你男友制造把你和她进行对比的机会。这个女孩本来不过就是一个按摩女孩，非要说她有什么特别的，那也顶多是一个可爱的按摩女孩，但因为你每次都要把这个女孩搬出来变成争吵的导火线，那么这个女孩也许对他而言就不仅可爱了，还成为他的"安慰药"。

　　一个人怎样才能得到别人的爱？首先，她要相信自己是值得被爱的人，你现在所做的一切，就是不相信自己值得被爱，你已经不自信到觉得一个按摩女孩都可以代替自己的位置了。当然，我并不是说他这样做是对的，我只是想告诉你，即便他对那个女孩有好感，他也根本不会选择那个女孩。更何况，你发现他和那个女孩联系，已经是以前的事情了，虽然他没有删掉她的联系方式，但后来在和你恋爱期间并没有找她，直到你和他大吵的那次。那你有没有想过，如果那次你们没吵架，是不是他根本不会去找她呢？还有，这样一次又一次争吵，就能改善你们的关系吗？

　　一个真正聪明的女孩是不会经常和男友大吵大闹的，她会懂得怎样让男友把心思全部放在自己身上。你想想，如果你身上具有那个按摩女孩的优点，比如你自己说的，嘴甜，那么你男友在你这里就能得到被需要、被认可、被尊重的感觉，他为什么还要去找那个按摩女孩呢？另外，你有没有想过，他去寻找的，其实是他作为一个男人很渴望得到，但是你身上却没有的感觉呢？

你现在问这个男人是否真的爱你，回到我前面说的问题，你连他爱你都不敢相信，你到底有多自卑呢？我建议你现在要做的不是考虑他爱不爱你的问题，而是好好思考一下，是什么让你变得如此自卑和敏感的。

至于你们之间要怎么才能放下她，这就要问你自己了，这样一个无足轻重的按摩女孩，为什么会为你们的感情带来这么大的矛盾呢？要怎样好好相处，减少吵架次数，这很简单，不要动不动就怀疑男友，更不要动不动就把这个女孩搬出来吵一架。多看看他对你的好，若总是疑神疑鬼，最后痛苦的人只会是你自己。因为所有没有自信的人最后都会亲手赶走那个爱你的人！

不过，我并不是说你一定要原谅他，看你们这种状态，我估计这件事可能没有那么容易结束。至于你问他在乎的是谁，这个问题你就不该问，如果他不在乎你，还会为你做那么多吗？

> 老公偷偷欠下十几万元外债,还和我冷战,要不要离婚

你的自卑和敏感
只会造成两败俱伤

Q:

凯哥，你好。谢谢你之前给出的建议和分析，再次向你咨询是因为我现在还有一些困扰。今天拿出纸和笔，写下我的这段婚姻的利弊，再回想从恋爱到结婚现在的经历，写出目前存在的问题，分析造成现在这种局面的原因。

第一，因为我从小缺爱，所以非常没有安全感，性格敏感、多疑，而且身体上的缺陷让我长达十几年处于自卑状态，以至于到现在都不自信。

第二，通过观察父母的婚姻模式以及和他们的交流方式，我发现自己现在的婚姻模式和他们很相似，包括我母亲一直对父亲不满和怨怼的样子。母亲在我和妹妹，甚至周围邻居、亲戚朋友等人面前把我父亲说得很不堪。我看到他们的婚姻就觉得很痛苦、很难受。我作为子女，劝解过他们两个人，可是他们并没有和好，依然吵架和冷战，然后分房睡。就算他们分开生活（母亲在老家生活，父亲在另一个城市工作），母亲还是会对父亲恶语相加。

第三，我对待我老公就像我母亲对待我父亲。我嫌弃我老公，我从心里不能接受他的经济条件，不能接受他老家的所在地，我对他更多的是抱怨，在我眼里他有很多缺点，可我依然想让他对我好，我想在他身上找到被爱的感觉。一旦他给不了我想要的情感需求，我就觉得他不爱我，就会暴跳如雷，甚至说出很难听的话骂他，然后用离婚来威胁他，让他证明他还爱我。他的态度也从最初的包容转变为逃避和冷战。

第四，在经济上，原本他创业失败导致我们经济拮据，在没有稳定工作和收入的情况下，今年我发现他又欠下十几万元债。对此，我丝毫不知情，问他情况也不说，只是沉默。

第五，面对他的经济状况，我对未来充满担忧，不敢生孩子，但是他和他的家人很想赶紧要孩子。哪怕我提醒他，目前我们的经济状况并不适合要孩子，他仍然想要，可我坚决不想现在要。

第六，疫情期间我们在家基本无话可说。哪怕睡在一张床上都是背对背，中间空了一块地方，现在分开也是互不联系。我知道，一旦遇到冲突，我会控制不住大发脾气，会不计后果砸东西，骂难听的话。我觉得自己像个两面人，一面暴躁极端；另一面冷静平和。面对这种状况，我无能为力。

我有很大的心理障碍和心理缺陷，导致婚姻、社交、工作都十分坎坷，所以对未来充满焦虑，有时觉得人生没有希望，走入绝境了。我还觉得婚姻、人生无论怎样选择都好艰难。

我现在不知道该怎么办才好，要不要离婚？如果不离婚，以后的婚姻生活我似乎能一眼看到结局，我父母的婚姻很可能就是我婚姻的写照，但我不想要这样的婚姻。如果离婚，我怕不一定能找到我想要的婚姻，也怕再次重复现在的婚姻模式。希望凯哥能帮我解惑，谢谢。

A：

姑娘你好，首先有一点值得欣慰的是，你已经认识到了自己的问题，这是做出改变的第一步。我也来和你一起梳理下你自己找到的问题。

第一，受原生家庭的影响，你没有安全感，缺爱，于是你不断"作"，希望能换来老公的重视，以此来满足你对爱的需求。

第二，你无法控制自己的情绪，自卑和敏感让你选择用一种极端的方式来保护自己，而这种方式却会造成两败俱伤。

第三，受父母关系的影响，你在婚姻中重复了父母的相处模式，你和你妈妈一样，只能看到伴侣的缺点，而找不到伴侣身上的任何优点。

第四，你缺乏沟通能力，沟通方式只有抱怨、发脾气、砸东西、骂人，你大概从来没有试过好好说话。

其实看到我上面写的这四点,你可以明白,虽然我不知道你老公有多糟糕,他为什么会欠债十几万元而不告诉你,但可以肯定的是,在这段婚姻里,你也不是一个好妻子。他之所以不愿意和你沟通,只会选择逃避和冷战,是因为他觉得自己惹不起,那总躲得起。再说了,有些事情就算他告诉你又能怎样,你会理解他吗?不会。可能不仅不会,相反还会闹得更厉害,那他干什么还要跟你说?所以你的婚姻究竟是谁的问题多一点,你自己心里要明白。

那么你要不要离婚呢,就像你自己说的,你要面对的并不是这个男人的问题,而是你自己的问题。你想要一个怎样的男人?经济条件好,对你好,那前提是你也要足够好啊,如果你不好,凭什么要求对方好呢?

所以,关于你的问题,我可以慎重地告诉你结论,你的性格和心态如果不改变,不管结几次婚,不管和谁结婚,最后暖男都会被你逼成渣男,你的婚姻都不会幸福。人最可怕的不是做错事,而是明明知道自己做错了,却还不愿意改,这才是最大的悲剧。

每个人和父母的关系,就是和其他人关系的基础。如果亲子关系出现问题,就意味着很多关系都会出问题。我从你的来信中可以看出,你母亲不只是对你父亲存在不满和抱怨,她对你们姐妹应该也一样不满和抱怨,这才会导致你没有安全感。也就是说,其实你妈妈并不是一个好妻子,也不是一个好妈妈。她没有意识到,她在外面诋毁自己的老公,最大的受害者是你们姐妹,因为这一生,你们都要面对流言蜚语，都要被迫接受"父亲很糟糕"这个现实。

我给你的建议是，调整自己的心态才是你目前最重要的事情。

第一，严重的心理问题，靠我一封信是不可能调整好的，你需要心理咨询师的介入。

第二，接受你有一个糟糕的母亲这个事实，不要再试图改善她和你父亲的关系，而是要告诉她：如果你过得这么痛苦，不如和我爸离婚。

第三，把你父母的婚姻当作镜子，提醒自己不要重蹈覆辙。

第四，提升自己，改善自卑的根本办法就是让自己变得优秀，而变得优秀就要好好工作，努力学习。

第五，不要钻牛角尖，你的安全感也好，你的情绪价值也好，不是你的老公给你的，也不是你的朋友和同事可以满足的，而是你自己应该具有的能力。

培养独立的能力：
不要想着改变对方，
要从改变自己开始

> 老公对我极尽宠爱,但又常常对我大发脾气

你所谓的宠爱，
只是丧失独立人格的依赖

Q:

我们恋爱三年，现在结婚快两年了。老公家在江苏，他的妈妈很早离世，家里有他爸爸和三个姐姐。我家在湖北，有爸爸妈妈和一个大我九岁的姐姐。他愿意为我把家安在湖北，他知道我比较粘我家人。

恋爱时，他和别人合伙办工厂，特别忙，那时候忙到很晚还要给我买好吃的，喂我吃完再回去。有时因为不让我吃外卖，他会挤出时间烧好饭菜等我回来吃，第一筷子肉永远是夹到我嘴里的。

结婚前，他的工厂亏了五六十万元，就退股了。婚后，我们到国外做生意。现在因为疫情，天天在家，压力很大，他却不让我做任何事，总说乖乖快起床刷牙，老公给你做好吃的；去打游戏吧要赢哦；每天晚上搂着我睡，睡前给我用生姜泡脚……在生活上对我照顾得无微不至。之前我因为怀孕一个多月时胎停了，回国做手术了，他连我妈照顾都不放心，特地回来自己照顾了我一周，就连上厕所都是背着我去的，粥都是用勺子分成小口送进我嘴里。他回国调货期间，因为我在国外有时差，他每天都要等到半夜两三点发微信确认我到家并且反锁上门后才肯睡……太多太多了，写得我泪水流个不停。

现在我们的问题是，我无意识做的事他会很生气。比如今晚，本来他很开心地带我去海边兜风，回来的时候却因为我没怎么回应他说的话（我说了"嗯"），到家就摔车的后备厢盖，非常生气，然后说话特别难听。他的意思是责怪我都没话跟他聊，他说什么我也不回答，感觉自己就像拖了一具尸体，只想踩油门到家让我滚下车。他说觉得我越来越垃圾，叫我不要哭，因为我的哭声让他觉得很恶心，想用刀捅我。说完这些，过了十几分钟，他又过来给我擦眼泪，抱着我，说自己说出那些脏话都是因为实在太生气了。每次他都说自己的脾气因为我而变得越来越差，完全控制不住。他只想让我开心一点，如果不开心他就很烦躁，说我是他的全部，他眼里都是我，每天围绕我而活。现在我不知道这些话是真是假，这种情况大概每两个月出现一次，但不隔夜，都是过半小时或者一小时后，他又会好好说话哄我了。

以前不觉得这种情况有多严重，但有一次，我在黑暗的洗手间里拿着刀片发抖时，我才发现自己可能有心理问题了。我不敢跟我姐说这件事，她就像我妈一样疼我，我怕吓到她。而我最好的朋友也自杀离世了，我实在没有人可以倾诉，希望凯哥可以看到我的信。

A：

　　姑娘你好，看到你的来信，我有一种感觉，相比于爱人，你更像他的宠物，也可以说像他的孩子。他对你的态度看起来很好，可是这种好却不像是在对待一个人，像对家里的宠物或者小孩。

　　这种感情刚开始的时候女人会很受用，觉得自己被心疼，被宠爱，觉得遇到了好男人，但时间长了你就会明白，这是一种畸形的爱。这种人把对方当成自己的全部，把所有的好和爱都寄托在对方身上。

　　这就说明，这个男人实际上是不成熟的，他也在寻找自己心灵的寄托。从某个方面来说，他的这种行为也好像一个小孩，他迫切需要爱。

　　只是大多数女人无法明白这个道理，不仅不会产生警惕，相反还很容易沉迷其中。这种感情在心理学上称为——心理融合，可以理解为你们过于依赖彼此，因为内心不成熟，心理无法分化，所以才会导致你和他在一起的时候，会退行成为一个婴儿。你有没有发现，你和你老公看起来很亲密，但实际上更像一种寄生关系。

　　你已经是一个成年人了，你老公还要给你喂饭，还要把你养在家里，什么都不让做只让你玩游戏，这是不是很像一个小孩呢？你有没有意识到，在你老公的精心照顾之下，你已经失去了自我，丧失了独立人格。你终究是个成年人,你不可能像小孩一样完全没有自己的想法和目标。所以你还是会希望能继续做一个成年人,这时候你开始挣扎,而一旦你开始挣扎,双方就都会感到痛苦。他需要你乖乖听话,不允许你有自己的想法。你的痛苦是因为你发现自己似乎已经很难独立,而他的痛苦在于原本乖乖听话的你现在变得不再听话,他觉得自己无法掌控你了。

从你的来信中看,你目前的状态还是摆脱不了你老公的掌控,也就是说,你的人格被你老公吞噬了。在这样的关系里,你发现自己居然连反抗和攻击的勇气都没有,你不知道要如何走出这个生活怪圈,于是你开始转向攻击自己,所以你会拿着刀片,出现自残的意识,这是因为你发现自己无力改变目前的状况。你已经不喜欢现在的自己了,可是没有人理解你,你也不知道怎样才能让别人理解你。

那么要怎么改变目前糟糕的情况呢?我给你几个建议:

第一,让自己重新成为一个成年人,一个可以独立思考和照顾好自己的成年人。

第二,给自己安排一些事情,或者去上班,忙碌起来,不要再做一个只会吃饭、睡觉、玩游戏的傀儡。

第三,选择专业的心理咨询师来帮你缓解现在的心理问题,帮助你从依恋的状态里慢慢地走出来,找回自己的独立人格。

另外,当你没有选择心理咨询师之前,可以把现在遇到的这些情况告诉家里人,有一个出口倾诉压抑的情绪,这对目前的你来说,也会起到一定的疗愈作用。如果只是把这些憋在自己心里,压力就无法释放,只会让自己越来越痛苦。当然,你也要好好思考一下自己的婚姻,想一想自己的未来。问问自己,这一切是你想要的吗?如果不是,那应该怎么改变呢?

老公以前对我很好,但就是会赌,要不要离婚

不要认为自己的牺牲
会换来对方的感动和改变

Q：

凯哥你好，我今年30岁，和老公结婚3年，结婚前已经交往6年了。他离过一次婚，之前在一起时他对我特别好，也比较豁达。我想要什么，只要在他能力范围之内的他都会买，但他就是有一个缺点，比较喜欢赌。

2014年，他赌世界杯哪个队获胜，输了全部家产，还欠账50多万元，从此开始一蹶不振。那个时候我们还没有结婚，之前，他给我买了一个小房子，我也想着在这之前他对我比较好，不想让他人财两空，还是决定和他在一起。在这期间，他一直闲在家里无所事事，一开始我还是比较能理解的，后来我一个人赚钱，生活压力太大了，两个人也时不时发生争吵，但后来我还是决定嫁给他。

我们2016年结婚，结婚1个月后，我开了一家早餐店，希望这是我们新生活的起点，一起从头再来，可是他不仅不帮我，还天天在家打游戏。我一个人在店里忙进忙出，晚上还要带饭回家给他吃，他就算出门也会绕着店门口走，后来坚持了1年，生意也不好，就关门了，我自己出去打工。

他还是一直这样闲在家里，有一点钱就去买彩票，就盼着一夜暴富。我实在受不了了，于是我们两天一小吵，三天一大吵，冷战时间最长可以达到半个月。从结婚起，我们就分房睡，我经常回娘家，他一般也不会联系我，偶尔联系一下，我觉得他虚情假意。目前，我们已经到了两人合租房子的地步，在家里两个人根本没有沟通和陪伴。我特别想和他离婚，也认真和他谈过，他每次都是敷衍了事，但就是不同意离婚。我感觉现在对他已经死心了，这个人就是烂泥扶不上墙，和他过的日子一眼就能看到尽头。

一直没有和他离婚，这里也有我自己优柔寡断的问题。如果离婚了，总感觉自己还是会有一点舍不得；但不离婚，这种日子过得毫无希望和未来，真的特别恨自己总在紧要关头狠不下心来，真不知道自己该怎么办了。

A：

姑娘你好，你知道吗，所有好的婚姻都有一个前提，就是你因为爱这个人而选择和他在一起，而不是你因为同情他、感激他，或者想拯救他而选择和他在一起。从你的来信中看，对你而言，你选择和他结婚，似乎把你们的婚姻当作了对他的一场救赎。我为什么会这么说呢，因为从你的来信中，我看到这五点：

第一，你忽视了对方的品性。

一个男人会赌博，这是很糟糕的一件事，而且喜欢赌博的男人多半有成瘾性人格。成瘾性人格的特征是自控能力比较差、以自我为中心、对人不够友善、容易冲动，并且追求的是即刻的满足感，没有长远打算。

很显然，成瘾性人格无论从人品还是性格角度看，都不具备成为一个合格婚姻伴侣的条件，但我们选择和一个人组成家庭，人品和性格是不是又特别重要呢？

第二，你没有考虑未来。

这个男人明明已经欠了一屁股赌债，你还对他抱有希望，你有没有好好想一想将来的日子要怎么过？或者你有没有和他一起认真做过未来的规划？你总不能也和他一样，想着继续靠赌博来翻本吧？

第三，你过分高估了爱情的力量。

女人很容易有一种天真的幻想，以为爱情可以改变一个人。不仅如此，女人会产生一种错觉，以为自己不顾一切地爱一个人才能证明爱情的伟大和纯洁，才能轰轰烈烈；同时，也会理所当然地认为自己的牺牲会换来对方的感动和改变。这种想法到最后基本都会被现实打脸，她会发现，原来这一切只不过是自欺欺人的一场闹剧。

第四，你没有底线。

在感情里，无论怎样，爱一个人需要有明确的底线。你的爱情似乎已经没有了原则和底线,他赌博,你可以接受,他没有工作,你可以接受,他不负责任,你也可以接受,他打游戏,你还可以接受。这就导致了你无法给自己设定目标,也无法帮他设定目标。

第五,背负不必要的道德枷锁。

因为他之前对你好过,但现在却如此落魄,在这种反差对比下,你对他产生了愧疚。你不敢离开他,你害怕自己离开会背上背信弃义的骂名,你不得不背负道德的枷锁。你之所以会有这种感受,多半又是因为你不够自信,幼年时缺乏爱,成年后过分放大了他对你的付出。表面上看起来是因为你心软,因为你善良,因为你感恩他对你的付出,但事实上是因为你非常在意别人对自己的看法和评价。

那么你现在该如何正确地面对这样一段以救赎为目的的病态婚姻,如何重新审视自己,又该如何选择呢?我建议你好好问问自己下面这五个问题:

第一,问问自己,想要什么样的生活,现在开心吗?如果不想要现在的生活,很不开心,那还坚持什么呢?

第二,问问自己,究竟是需要爱情,还是只是害怕孤独?你的坚持是因为舍不得这个人,还是没有勇气面对一个人的生活?

第三,问问自己,是不是还对他心存幻想,还希望他有一天会被你感化,然后做出改变?

第四,问问自己,如果就这样耗下去,你还能坚持多久?

第五，问问自己，你不敢和他分手是真的优柔寡断，还是因为不想被别人指指点点？

　　好好想清楚这五个问题之后，我想你就会有答案了。最后，我也想对所有的姑娘说，当你开始圣母心泛滥，想拯救一个男人的时候，最后的可能往往不是你拯救了他，而是被他拉入深渊。一段好的婚姻是两个人一起沐浴在阳光下，快乐开心地面对未来，而不是一起在看不到光明的角落里痛苦挣扎和纠结。

　　请务必慎重并永远记住，爱情只有一个理由，那就是爱！

> 老公不顾家,三胎快出生了,我该怎么办

人生一团糟，
是你无法独立、过分依赖的结果

Q:

嫁给我老公已经10年，2010年我生了大女儿，当时他家不富裕，我也没介意，觉得只要两个人齐心合力，就能熬出头来。事实证明，我想得太简单了，大女儿2岁左右时，他开始赌博，欠下不少债，我一次又一次原谅了他。最后，我实在忍受不了，2016年跟他离婚了。离婚后，为了大女儿，我和他的关系一直不清不楚。他赖在我租住的房子里不走，求我原谅。我比较心软，想想大女儿也很可怜，还是原谅了他。2017年，他确实改变不少，谁知在2018年年初的时候我又怀孕了。我想着，既然他改变了，就和他好好过日子吧，于是又跟他复婚了。2018年10月，我生下二女儿，生活虽不富裕，但一家人的生活苦中带乐也还算不错，可是2019年下半年，我的噩梦又开始了。

他没了工作，大半年没收入，没给过我1分钱。养小孩、交房租都是我花的钱，可我没收入，哪有钱呢？他又欠下信用卡几万元的债，最后还不上，要刷我的信用卡填补亏空。当时我想，为了这个家，两个人一起承担，就帮他刷了。

谁知2019年8月，我又怀孕了。我想着压力大，又欠债十万元，不打算要这个孩子了。我去做检查发现已经怀孕3个月了，打掉又不忍心。最后还是决定把这个孩子生下来。接下来的开支越来越多，又没有收入，二女儿当时才10个月需要买奶粉，肚子里怀着的孩子又要各种检查费。跟别人借钱又不能借太多，只能刷信用卡透支，如今我们信用卡加起来欠了二十多万元，其中我自己的欠了十五万元。

老公不知道把钱拿去哪里了，我们又开始吵架了，他对我和女儿还有正怀着的三胎不闻不问。2020年春节在家的时候，我老公变得更不是人了，什么也不理。三胎快降生了，我大着肚子，又带着1岁4个月的二女儿，又要买菜做饭，他就知道睡觉，根本不体谅我，也不心疼我。

日子一天又一天过，慢慢地心越来越痛。为了这个家，我付出那么多，却弄得自己不仅没收入，还负债累累。面对这样的结果，即便负债我也不怪谁，但他对我连起码的尊重都没有。我总希望两个人一起把家支撑起来，可他这样的做法太让我心寒。他对小孩不管不顾，对家中的事不理不问，我真的好累，很想放手了，好想带着小孩走人，可是自己背负十五万元债，怎么还？如果不走，欠得更多，我真的很想死，但如今三胎还没降生，两个女儿又可怜。这样的日子我真不想过了,我快崩溃了,好痛苦!

A:

你好,人生的每一步都是自己的选择,有的人能够把一手烂牌打好,有的人却能把一手好牌打烂。就好像你眼前原本有两条路,一条是康庄大道,另一条是羊肠小路,你非要一股脑地往小路里钻,那是不是等于把自己逼上绝路了呢?你明明有过很多次可以走到大路上的机会,但是你似乎一次又一次地把自己绕了回去。

你之所以会把自己的人生搞得一团糟,表面上看起来是你很心软,是你的付出男人不领情,但其实真实的原因却是以下四点。

第一,你把没有底线当作心软。

你可能并没有想过自己想要的是什么,你甚至不知道一个男人作为丈夫,需要具备什么条件。他和你在一起,可以赌博,可以不工作,可以不养家,反正你都不会离开。

第二,你没有面对现实的能力。

男人好赌,家里经济条件不好,你却在这样的前提下生了二胎,又在夫妻二人没有工作,欠一屁股债的前提下决定生三胎。对于你的选择和决定,我只能说,你对生活可能有点过于乐观了。

第三,你对生活和未来没有规划。

明知道各方面条件都不允许,不仅不做好安全措施,而且也不考虑孩子的将来。连怎么改善生活,怎么增加收入的问题都没有解决，就敢一个接一个地生孩子。

第四，你不懂为人父母的责任。

不是会生孩子就可以成为父母的，你有养育和教育的责任，你有没有认真地想过自己要如何承担这些责任？

看到你的来信，与其说我对你现在的遭遇表示同情，不如说我为你的三个孩子，尤其是老二和在肚子里的那个小生命感到痛心。作为一个母亲，由于自己不理性和不计后果的决定，让孩子小小年纪就要承受生活的苦难。

造成这个后果的根本原因是你不断把自己的希望寄托在老公身上，不断希望他能承担起你想要的未来，其中包括二胎、三胎的降临。我很难想象，作为一个男人，一个没有收入又负债累累的男人，他难道没有自知之明吗？这些孩子究竟是你们一起商量好决定要的，还是因为你想要，他无奈答应的呢？

你在来信中一直在说自己付出了多少，牺牲了多少，你老公那么不堪、那么糟糕、那么无能，那你为什么还要和他在一起呢？你有没有想过，你的人生变得一团糟，事实上不是因为他，而是因为你把自己推进了深渊，是你无法独立，过分依赖他的结果呢？

现在该怎么办？给你几个建议：

第一，不要一边选择和这个男人继续生活，一边嫌弃他和责怪他。你越嫌他没用，他就会越没用，还是多给他一点鼓励吧，不管有没有用，就算是"死马当活马医"也好。

第二，赶紧商量对策，先不说能不能还钱，能还上多少，至少眼前应该解决的问题是有没有钱去医院生孩子，孩子出生后怎么照顾，老二的奶粉钱怎么办？

第三，求助双方父母或者兄弟姐妹，到这个时候恐怕能帮你们的也只有这些人了。

这几个建议也未必能解你的燃眉之急，但现在也只能过一天算一天了，毕竟你自己弄乱的人生，也只能自己收拾残局！

最后，我想告诉大家，女人不要把自己的未来和希望寄托在男人身上，你们的价值也远远不仅限于繁衍后代和照顾家庭。

想离婚又舍不得放弃孩子,带着她又没法照顾,我该怎么办

当你已经不可能改变什么，
那只能是咬牙做出决定

Q：

凯哥你好！本人31岁，学历是初中，职业是销售员。我老公30岁，学历是高中，职业是快递员。我们是通过相亲认识的，结婚7年，有一个3岁的女儿。

给你来信是因为我老公在网上赌博输掉65万元，这件事我是在2019年9月知道的，而他在网上赌博是从2017年开始的，这件事到现在我一直都接受不了。知道他输钱这件事以后，我就只有一个想法——离婚。我接受不了我老公瞒着我输掉这么多钱，这太可怕了，而且这些钱全部都是从银行贷款来的，现在我们面临高额还款的问题。

他爸妈的态度也让我很失望，从头到尾都帮着他们的儿子说话，我的怨气完全没有发泄口。他妈妈让我把房子卖掉，帮她儿子还钱，还说她儿子这样都是因为我没看好，当然我也回她说这是因为她没教育好儿子。疫情期间,我待在家里,他爸妈三天两头去隔壁邻居家打牌。村里人都知道他们一家人好吃懒做,但在嫁过来以前我是不知道的,如果早知道这样,我是不会嫁的。我对他们失望透顶,自己的儿子都这样了,还可以当作什么事情都没有发生过。

孩子是我天天带着,真的好累啊,感觉这个家就要完了。我现在每天晚上睡不着觉,一闭眼就胡思乱想。宝宝马上就要上幼儿园了,本想着给她好一点的生活,可现在什么都没有了。

我现在想离婚,但是非常舍不得孩子,怕孩子在这样一个家庭里生活,以后也会变得太散漫没有自律性,但是如果我带着她,又没办法好好照顾她。我现在该怎么办?

我每天的日子都非常煎熬,看到他爸妈就心里堵得慌,感觉自己快疯了。

我想请教一下凯哥,我应该怎么做?

A:

姑娘你好,最近收到了好几封来信,都和你的情况类似,男方背着女方赌博,输了一大笔钱。我一直说,结婚前要了解清楚对方的状况,否则将付出难以想象的代价。遇到这种情况,我个人不建议你继续维持婚姻,毕竟维持这种婚姻的风险太大。如果是因为其他情况想离婚,我都会劝人三思,但是赌博、吸毒、家暴,我建议你不需要再勉强维持婚姻了。这样的婚姻除了给女人带来痛苦，可以说几乎没有任何益处。

再说，成瘾性人格本来就很难改变，需要进行长时间心理治疗，我想你老公恐怕也不会意识到自己需要治疗。那么将来是不是还有可能债务越欠越多，压力也会越来越大，到最后家不成家，日子不是日子，过得比现在更糟。

但是现在既然这一切已经成了事实，你已经不可能改变什么，只能咬牙做出决定。对你来说，最重要的问题就是孩子，你说想离婚却舍不得孩子，但是带着她，却又没办法好好照顾。

可是你知道吗，如果你因为自己无法独立，没有勇气离婚而坚持这段婚姻，一定会越来越痛苦的。一旦妈妈痛苦了，你的情绪必然会影响孩子，而且你婆家这样的家庭确实不利于孩子的成长，让孩子留在没有担当的父亲和推卸责任的爷爷奶奶身边，她长大后会成为什么样的人呢？

还有另一种选择，你放弃了婚姻，却不带走孩子。这样你也一样很难过得好，因为作为一个母亲，你可能会一直后悔，也无法停止对孩子的思念。

因此，我给你的建议是咬咬牙，把孩子带走，实在不行，还可以求助自己的父母，如果他们也帮不了你，你就自己辛苦坚持几年。因为在孩子上幼儿园之后，家长的时间会宽裕很多，除了寒暑假外,其他时间都可以把孩子交给老师带着。周末你自己辛苦一点带带孩子,这些困难总是可以克服的,毕竟孩子会一点点长大的。其实再难也就这么几年,挺过去,一切都会好起来的,大家不都是这样过来的吗?再说,离开你老公,至少还能看得到希望,无论如何也比现在好,不是吗?

> 老公爱玩，成天不着家，对我和孩子不闻不问，我该怎么办

在感情上，
女孩们切记别成为那个饥不择食的人

Q：

凯紫，你好。我是一个远嫁独生女。2016年，我们在网上认识并相恋，我不顾父母的感受，毅然嫁给了异地的他。我们总共见面不到十次，嫁给他，我下了很大的决心，也伤了很多人的心。原本觉得即便我没有顺从父母和其他亲人的意愿，和他这样一个有趣的人生活在一起也是一件幸福快乐的事情，却没有想到他的这种有趣给我造成了伤害。

他说喜欢小孩，结婚第一年我就生下了第一个宝宝。我在月子里的时候，他基本上每天晚上要玩到第二天凌晨才回家，然后睡到下午才起床。他很少进屋看我和宝宝，也很少问我的情况，更不会给宝宝换纸尿裤。之前，我一直忍着，从不和他吵架，所有的苦都往自己肚子里咽。后来，因为我实在受不了，两个人就开始各种无休止的争吵。虽然和他吵架，但是因为孩子，我选择了隐忍，日子也就这样过着。

去年，我又怀孕了，因为压根没想要二胎，所以我拒绝把孩子生下来。可是他义无反顾地让我生下来，整个孕期我都处于抑郁状态，基本上每天都以泪洗面，而且脾气越来越暴躁。大概因为已经有了第一个小孩，所以我感觉怀二胎时，他没那么重视我。

大宝从我怀孕后就特别粘我，但是因为我的身体情况不太好，所以白天都是奶奶带他，晚上再和我睡。他的爸爸依然夜不归宿。我看淡了，也就不吵不闹了。直到二胎顺利生产，我生的孩子自己带，有没有他不重要。他依旧天天晚归，时不时会回来早一点，也许是因为心里不平衡，我又开始想不通了，于是跟他各种找事。

大宝从我产后两个月开始，就跟小宝和我一起睡，我习惯了。直到今晚，他突然拒绝和我睡，哭着喊着一定要和他奶奶睡。我崩溃了，压抑了好久的情绪此刻已经绷不住了。我失望，我愤怒，我崩溃……我只想回自己家。

为什么崩溃呢？他奶奶从我生下大宝，就经常会从我手中强行抱走小孩，我知道她很爱孙子，所以并没有说过什么。自从大宝说话流利以后，她经常当着我的面问大宝爱谁？最爱谁？因为她是长辈，也因为我心软，我从来没和她吵过。直到前几天，大宝惹我生气了，他和奶奶说："妈妈不跟我玩了。"他奶奶说："那就不要妈妈了。"我瞬间无语，也很生气。

他奶奶也会在大宝来找我而我在哄小宝的时候跟他说"你妈妈

不要你了"这种话。因为带小宝,我有时候确实顾不上大宝,我不知道他奶奶是怎么带他的,或者跟他说了什么,所以今晚,当大宝哭着说不和我睡的时候,我真的崩溃了。

A:

　　姑娘你好,我能理解你嫁到异乡的无奈和失落感,也能理解你现在的崩溃,但你现在要做的就是好好问问自己,将来究竟想要什么样的生活。

　　什么样的女孩会义无反顾地远嫁?多半都是从小被父母忽视,在原生家庭里得不到足够的爱的女孩,只要有一个人给她一点点温暖和一点点爱,她都会逃离原生家庭的。

　　我打个比方,一个饥肠辘辘的人看到什么食物都会狼吞虎咽地吃下去,而一个肚子不饿的人,就会想去找自己喜欢吃的,有营养的食物。简单地说,就是在感情里,姑娘们切记别成为那个饥不择食的人。

　　为什么我要这样说,这不仅是因为你没有对自己负责,而且我也想让你思考一个问题。你结婚的时候,父母反对,但你一定要嫁,这时候你的主观意识战胜了一切,最后父母对你无可奈何,只能接受你远嫁他乡。在生二胎到时候,你不想生,你老公希望你生,你就生了。那个坚定而自我的女孩去哪儿呢?是被生活磨平了棱角吗?不是,是你已经不再坚定了。

这也就说明，你是一个在重大事情的选择上鲁莽、冲动、欠思考的人，所以才会走到今天这一步，也是由你自身的原因造成的。

你在来信中只是很简单地说你老公很爱玩，很晚回家，不帮你带小孩，但你有没有想过应该怎样改变现状？家里的妻子和孩子都不能让他有一点点留恋，真的只是因为他爱玩吗？有没有可能是这个家让他觉得很压抑呢？

至于你和婆婆的关系，单从帮你带孩子这方面来看，她是尽心尽力的，而且你也承认她爱孩子，但为什么你们的关系会这么紧张呢？

可能你会认为自己已经过得这么糟糕了，我还不断指出你的问题是不是和你过不去？在我看来，你的这段婚姻之所以失败，自己必须承担很大一部分责任。

现在你有两个孩子，而且还都那么小，你要回家我想应该也只是冲动吧，怎么放得下年幼的孩子呢？更何况你的婚姻并没有糟糕到无法挽回的地步。我建议你先调整一下自己的情绪，好好听一听你老公对你的看法，和他商量一下将来对孩子的安排，让他参与带孩子的过程。

当然，你要做到这些可能很难，但最后我想提醒你一句：人不要总想着改变别人，要从先改变自己做起。

> 老公成天在手机里跟别的女人撩骚，婚姻还要不要继续

明知道他不负责任,
你却还要越陷越深

Q:

凯紫你好,我27岁,身高170厘米,婚前体重100斤,颜值6.5分。我出生在一个普通家庭,5年前,我父亲因交通事故去世了。我和老公同岁,他比我高3厘米,家庭条件比我好一点。我们都是独生子女。我和老公是同事,婚前一起从事房地产工作。跟他在一起是因为我觉得他很踏实,能给我安全感。我们现在结婚3年多,有一儿一女,相差2岁。

结婚前,家里为我安排过很多次相亲,但我都不喜欢。他是第一个对我说想和我结婚的人,认识2个月就带我见家长了。

后来,我未婚先孕,因为彩礼和房子的问题闹得很不愉快。我们商量的是我家出18万元买车并负责装修和买家电,他家出买房首付23万元并给我6万元作为彩礼,然后房产证上写我们两个人的名字,婚后一起还房贷。但是他家人说刚买完房没钱了,彩礼只能给2

万，我家人觉得他们家没诚意，就没买车，后来他家买了车，写的是他妈妈的名字。买房前，他爸私下和卖房的人说不加我的名字。我不是说一定要加我的名字，但是之前说加，但领完证又说不加，我就不愿意了。那时我们刚领完结婚证，为了买房签合同，他还是加上我的名字了。

怀孕6个月时，我辞职在家养胎，我们没多少积蓄，他以前上班都是挣多少花多少的，我也是没什么压力所以只存了一点钱。我们唯一的资产是我结婚时朋友们和亲戚给的红包，加起来有3万元，他亲戚朋友给的礼金，他妈都收起来了，没给他。婚后，我们和公婆一起住，因为彩礼的事情，我家没有出装修费和家电费。

由于孕期反应，有时候我跟他闹小脾气，没别的目的，只希望他哄哄我，关心我一下，但是他哄一会儿就没有耐心了。

怀孕7个月时，我发现他用社交软件跟别的女人聊天，我跟他闹，他说会改的，我就给了他机会。因为怀孕，激素紊乱，再加上心里有道坎，且缺乏自信，我每天半夜睡不着都翻他手机。

一胎快生的前半个月，我和他又因为一件小事闹矛盾了，我知道是自己的问题，我也只是发点小脾气，但他当着很多人的面打了我一巴掌，要不是别人拉着，他还想再动手。

我气哭了，想回娘家又怕家里人担心，他妈回来后一直守着我，不让我回娘家。第二天，我自己回娘家了，他过了一周才来跟我道歉。其间每天打一两次电话，我都不接。他跪在我面前说自己错了，于是我又忍了。跟他回去的第二天，孩子就要出生了，于是直接去了医院，那时我们已经没钱了，产检和给孩子买东西都花光了。他家给了4 000元让我生孩子用，我妈给了2 000元让我买东西用。生完孩子后，我在家做全职妈妈，他上班，每个月工资还完房贷只剩下几百元。孩子和家里的开销都是我在管，偶尔还要给他买衣服，有时候也帮忙还房贷。因为我父亲意外去世，对方赔了我们一点钱，我妈给我存起来一部分。

孩子快一岁时断了奶，我出去上班还没有两个月，孩子病了住院，我经常请假，领导不高兴，所以我主动辞职了。因为孩子发烧，我请一天假来照顾，我老公却打了一天麻将还骗我说他在上班。我从老家特意回来给他过生日，却发现他玩漂流瓶说无聊找人约见面。结婚3年以来，我的生日或者各种节日，他都没有送过我任何礼物。

后来，我们自己开店卖童装，我妈给了8万元，她妈给了2万元，开店一个月时发现我意外怀了二胎，就商量留下来。怀孕时，我还是照样忙上忙下，跟他一起熬夜进货，在店里守着。

之前很久不看他手机，今年四月，我睡不着，又翻看他手机，发现QQ小号全加的各种女人，聊天内容露骨而且恶心，互相发私密照片，还关心别人吃饭、睡觉的问题。我转身上厕所的时间他都可以回信息，我一个人半夜坐火车去进货，他也不说让我注意安全，我刚走，他抱着孩子就跟别人撩骚。我平时对夫妻生活有一点抗拒，因为他之前三四次撩骚,再加上照顾孩子,累得也没那想法了。

想了一夜,我去找律师咨询离婚的问题,律师说只能要到一个孩子的抚养权,我纠结了。回去之后,他没向我道歉,他父母只说他做错了,让我原谅他,但我不愿意。他私下主动跟我说签协议,以后不会再犯,要把孩子和房子都给我。我没等他给协议,自己找律师写了一份去做了公证,以约束过错方放弃抚养权,把房子过到我名下,但到现在他一直拖着不去办。

我每天跟他基本不沟通,我照顾两个孩子,坚持护肤和打扮自己,没变得不修边幅,但是怎么还是过成了现在这样?我知道我以前太懦弱,现在想改变自己,但真的很茫然。关于家庭开销,我想跟他重新分摊,每人出一半。离婚怕伤害孩子,不离又过得难受,我们好好谈过,他说会改变的,但是并没有做出任何改变。

我不知道这段婚姻还要不要继续?

A:

姑娘你好,从你的来信中看,从结婚开始,你们就都在为各自的利益博弈,不像是一家人该有的样子。

他家买房子不想写你名字,彩礼你要6万元,他家只给2万元。你家因为他家态度不好,之前承诺买车还有装修和家电,后来也一分钱不肯出。后来,他家买了车,但是没写上你的名字。

其实一开始就已经能看出来,你们的婚姻不会顺利,其中的道理也很简单，两个人在一起相互算计，谁也不想吃亏，谁也不愿意多付出，所以感情能好吗？

最后，他虽然出的彩礼才2万元，但你家似乎什么也没出。当然，你可以说是因为他家先过分的，是他家先态度不好的，没有兑现承诺，所以你才没办法对他好。

现在的问题就是，既然一开始，你就已经发现他们言而无信了，为什么还要结婚？

就算那时候你年轻不懂事，看错人结了婚，但生第一胎的时候，他就已经动手打你了，你也已经发现他和其他女人聊骚了。要说第一胎没办法，已经怀孕，不得已生了也就罢了，你为什么还要生二胎呢？

也就是说，如果你明知道他是一个不负责任的男人，却还要把希望寄托在他身上，还要让自己越陷越深，那究竟是他的问题多一点，还是你的问题更严重呢？

再说你要处理财产和孩子的问题，我建议你考虑几点：

第一，法律并不会因为一方出轨而把房子和孩子全部判给另一方，是不是写了协议就有效呢？你自己要了解清楚。

第二，如果他把房子过户给你，你不得不考虑以下两个问题：

（1）他家人是否同意？

（2）在法律上，他把房子过户给你后，是否还属于双方共同财产？

第三，若两个孩子都归你，你是否有能力抚养？

第四，你现在做的这些事，真的可以改善你们的婚姻状况吗？

至于你自己的问题，过成这样和你的性格有关，每个人的人生都是由自己的性格决定的。因为性格决定了你的沟通方式，也决定了你的选择。另外，你也要明白，以你现在处理问题的方式，你的婚姻状况并不会改善，即便他在你的协议上签字了，你们的婚姻也还会是老样子！

老公一分钱没有,还想用我的彩礼当学费,日子该怎么过

他真的是想改变自己
还是想逃避生活的压力

Q：

凯哥，你好！

我今年24岁了，大学专科毕业，年前结的婚，现在怀孕6个多月了，暂时没有工作。他24岁，初中毕业，是做装修的，工作不稳定。结婚后的这几个月，我们和他父母住在一起，因为我们自己的房子还没有装修。这几个月因为疫情，我们都没有出去工作，房贷是用我自己攒的钱还的，他没有钱。

结婚时别人给他随的礼钱都不知道被他花哪去了。现在买什么东西都要我出钱，属于我在养着他，这些我都不说什么了。这几天，他不知道怎么突发奇想，想去学计算机前端，学费需要三万元左右，学习时间是8个月，再加上房租、吃饭等开销，又得三四万元。他现在一分钱都没有，想用我带回来的几万元彩礼交学费，等我生完孩子就去学习。我怀着孕，没跟他要过零花钱，并且还出钱还着房贷，所以不支持他现在去学，因为房子装修、孩子出生，都需要花钱。我跟他说，你想学这个，首先得自己把学费挣出来，他说等挣够还早呢，过两年再去学就晚了。我和他怎么都说不通，三观不一致，只要一说话就会吵起来。

我不能强硬给他做主，不让他学。因为以他的性格，会责怪我的，但如果让他去学，生活的担子都将压在我一个人身上。我现在没法出去工作，没有任何收入。就算我想出去工作，也得等生完孩子半年之后了。我现在每天醒来就会想着这件事，觉得日子快过不下去了。

A：

姑娘你好，两个年轻人选择结婚生子应该是一件很慎重的事情。为什么要慎重呢？因为你得能让自己好好生活，更重要的是，你得为自己的孩子负责。怎样才算负责任呢？你必须考虑以下几个问题：

第一，有没有维持家庭开销的经济能力？

第二，能不能养得起孩子？

第三，有没有教育孩子的能力？

第四，能否承担起为人父母的责任？

这些是选择结婚生子要考虑的基本问题。

很显然，你们似乎并没有认真想过，两个人连稳定的工作都没有，别说养孩子了，养活自己都成了问题。有些人的人生是怎么变得一团糟的，就是不考虑明天，只活在当下。这样，等明天到来的时候，自然就不知道怎么办才好了。

现在我唯一能给你的建议，就是管好自己口袋里的钱，不要轻易拿出来。你老公是做装修的，学设计远远要比学计算机靠谱得多，做设计师也很赚钱，他为什么要舍近求远，要换一个自己根本不熟悉的行业呢？另外，你老公要学的我也不知道是什么技术，居然要三万多元那么贵，但有一点可以肯定的是，就算花三万多元学完，他也未必能找到好的工作，有以下几个原因：

第一，他没有基础，突然去学计算机，仅仅半年，什么也学不到。

第二，他没有相关工作经验，就算学会了计算机，找工作也未必容易。

第三，现在的市场变化太快，尤其是信息相关行业，他花半年时间去学计算机，可能等他学完，学到的技术都已经过时了。

第四，对于一个自己不了解的行业，盲目闯进去，无异于是被"割韭菜"。

他去学这个真的有意义吗？想去学习真的是想改变自己吗？还是想逃避生活的压力，给自己找一个借口呢？所以你的问题并不是他要去学什么，而是他根本不想承担责任，也没有解决问题的能力。

打破沟通障碍：
你不懂如何表达自己的需求，
他不懂如何表达对你的不满

老公总和我冷战,还要维持这段感情吗

你所谓的直爽，
其实是情商低

Q:

你好！凯哥，我已经关注你很久了。

我和我老公自由恋爱，结婚12年，现在儿子12岁，女儿2岁多。

我说话很直，有什么话喜欢敞开说，可是我老公恰恰相反，喜欢冷战。从谈朋友开始就是这样，给我的感觉就是他不在乎我，每次会因为一点小事就不跟我说话，十天半个月的，只要我不开口，他都不会理我。我每次都想，只要自己主动点，不再冷战就行，因为我实在受不了。我以前很爱笑，很活泼，现在却被冷战折磨得仿佛得了抑郁症。

好几次跟我吵架后，他都提出了离婚，之前几次因为我舍不得，毕竟走到一起也不容易，当初结婚的时候，我爸妈就强烈反对，但我还是坚持下来了，所以不想离婚。有两次他再要求离婚，我也同意了，但到后来他又不想离了，反过来跟我说好话。我本来也不想离婚，被他一说，也就不再提了，就这样不断反复，直到现在。

我们已经有两个多月没有交流了，只是不像以前一样一句话也不说。这次冷战的主要原因是我觉得我在他心中根本不重要，一直以来都是他说喜欢什么、不喜欢什么，我从来没有说过我想要什么，因为我不想因为那些身外之物影响我们的关系。这次因为孩子要上初中了，我想在城里买一套房子，由我来想办法交首付，两个人一起还房贷（我们俩经济独立）可是他一口回绝说不买，买了没用，买了他也不住。

结果，他把自己所有的积蓄拿去买了一辆车。结婚这12年来，他一直不停地换车。我突然觉得自己好悲哀，我还有未来吗？等他有钱了是不是还会不停换车，或者最后把我也换了？所以我真的感到累了，有点不想维持这段感情了，如果我离开他，会不会过得更开心点？可是这样就苦了孩子了。我很矛盾，也很纠结。我说得有些语无伦次了，帮帮我，凯紫。

A：

姑娘你好，你的这段婚姻里，似乎一直都是你在不断主动，就好像你在追着他跑，而他却很不愿意被你追的感觉。这时候你就要问自己一个问题，为什么你追着他跑得这么辛苦，还要一直追下去，并且还要忍受这个过程中所有的委屈呢？

他跟你冷战，他可以多次提出离婚，他可以不在乎你的感受，他可以在婚后和你经济独立，这一切都意味着什么呢？有没有可能从一开始，他对你的感情就不是很深呢？

但你却很喜欢他，这就是说，你们从来都是不平等的。至于为什么不平等，很大的原因会不会是因为他的条件比你好呢？比如他颜值比你高，家境比你好，收入比你高？因为存在这些原因，所以他才可以不在乎你的感受，才会和你冷战，才能提出离婚。

不过这只是我猜想的一个方面，另一个方面就是和你的沟通方式有关，比如你说自己说话很直，喜欢有什么话敞开说。一般所谓的"很直"，往往都意味着说话不经思考，不考虑别人的感受。

我举个很简单的例子，告诉你说话直会让人怎么不舒服。

丈夫：周末我表舅一家说来玩两天，要住我们家。

妻子：怎么又住我们家，我不喜欢他们。

再来看看另外一种说话的方式：

丈夫：周末我表舅一家说来玩两天，要住我们家。

妻子：表舅要来玩啊，很好啊，我给他们做一顿好吃的。不过老公啊，上次他们来家里住不太方便。不然这样，我们给表舅预订咱们家门口那个酒店的房间，这样他们一家人也自在，我们也尽了地主之谊，好不好？

同样是拒绝，你觉得怎样说话会让老公心里更舒服呢？很多人所谓的直爽、说话大大咧咧，其实在别人眼里就是情商低，说话不考虑别人感受，太自我。

关于你要买房子却被老公拒绝的问题,你说到的买房子的理由,为什么你交首付他不愿意和你一起按揭,原因有可能有以下几个:

第一,他觉得你不重视他的感受,不是和他商量,而是直接告诉他你要做这件事情,尤其你说你付首付的时候,咱们先不说将来房产证上写谁的名字,我猜可能他觉得以后你会把自己付了房子首付拿来说事,让家人和孩子都觉得付出的人是你,与他无关。

第二,他觉得没必要在城里买房子。

第三,他觉得你没有考虑家庭的实际情况。

第四,他都不想和你过下去了,还买什么房子。

说完这几个原因,我也想问你,有没有考虑过你在城里买房子这个计划的具体实施方案呢?

同样,我来列几点:

第一,资金问题,这还是小事,可能你们都拿得出。

第二,房子买完,谁出钱装修,或者说,谁管房子的装修?

第三,假设房子买了,也装修好了。那是你一个人带大的孩子去城里读书吗,小的孩子呢?你也一起带过去吗?你想过怎么安排两个孩子吗?

第四,如果去城里住,双方父母谁过去帮忙呢,是你父母去,还是他父母去?他们都愿意去吗?

第五,如果真的带孩子去读书,你做好两地分居的准备了吗?

第六,你去城里是要放弃工作做全职妈妈呢,还是在城里重新找个工作呢？

第七，如果你去城里陪孩子读书，就要放弃现在的工作，那么经济方面应该怎么安排呢？

我大概帮你梳理了一下，就发现这么多的问题，而这些问题，你都认真思考过吗？

如果仅这一件事都能出现这么多问题，那在你们的婚姻里，其他问题是不是更多？

老公向亲戚吐槽我,对我无话可说,我的婚姻只能这样了吗

打破沟通障碍：你不懂如何表达自己的需求，他不懂如何表达对你的不满

不是原则性错误，没有必要揪着不放

Q：

凯哥你好，我和老公结婚两年多，各自在异地工作，现在孩子一岁了，跟着我生活，由我的娘家人照顾。

从恋爱到结婚，虽然过程辛苦了一些，我还是觉得自己是个幸福的小女人。我的老公温柔体贴，在休产假期间，下班回来会做家务，有空的时候也会帮我照顾孩子，让我一度觉得自己嫁对了人！

美梦的破灭源于亲戚对我说的一番话，他说我老公跟他说我不给我老公面子，也不理解我老公。这话犹如晴天霹雳般打在我的心上。我们都说过，因为是异地，又有了小孩，有什么事情都应该坦诚，不要期满对方，因为谁都承受不住！可是，我竟然从别人口中知道了他对我的看法，心里五味杂陈，有对自己的质疑，也有对这段婚姻的怀疑，还有对他的失望。虽然后来他也和我道歉了，说不该图一时嘴快，就和别人乱说，可是我心里更难受了，我到底

是有多么糟糕，竟让他不愿意和我说心里话而去和别人说，夫妻之间竟然这样生分。

　　从此以后，我就一直被这件事困扰着。本就是异地而处，我现在更没有安全感，心里更不安了。每次发信息过去和他聊聊，总是几句话就把我打发了，为什么会这样？现在除了小孩，我们再也没有其他话题了，难道我们的婚姻只能这样了吗？

A：

　　姑娘你好，你知道为什么你的婚姻会变成这样吗？因为在这件事情里，你只责怪你老公不该对别人抱怨你，而没有思考为什么他会有这样的抱怨。你自己也说老公温柔体贴，对你很好，可就因为亲戚的一番话，你心里就不平衡了。

　　这让我想起前段时间我老婆和我说的一件事。她的手机曾经在我出差之后收到一条消息，大概是这样的："你老公是不是叫某某，你们家是不是住在某某地址？他是不是某月某日去某地出差了？你这个傻女人，你知道吗，他是去找别的女人约会的。"我老婆没有相信，等我回来给我看了这条消息，我问了一个当警察的朋友，他告诉我，这只是大数据诈骗的一种方式，现在特别常见。你看，为什么很多人会上当？因为很多女人宁可相信别人的话，甚至是陌生人的话，也不愿意相信自己的老公。这才是最糟糕的事情，你们成了最熟悉的陌生人。另外，你还要想一想，为什么那个亲戚嘴那么坏,难道他不知道说出这些话会影响你们的夫妻感情吗?话能这样说吗?

从客观的角度来看,你们从甜甜蜜蜜到无话可说,你自己也是要承担一定责任的。

首先,你给了他一种不信任的信号;其次,你也没有反省自己的问题;最后,他已经认错道歉了,你还是不依不饶的。这真的是他对你不坦诚吗?从严格意义上来说,这并不算不坦诚,而且我想他未必没有当面和你说过,多半说了之后你不当回事,他才会去向亲戚吐槽的。所以,你恐怕太"玻璃心"了。

现在你想改善婚姻,我的建议是:

第一,先好好反省,问问自己是不是不给他面子?是不是不理解他?好好想想如何改变。

第二,不要再纠结他在背后说你什么了,人都有情绪,当情绪到来的时候,表达对别人的不满并不能算是什么原则性的错误,你没有必要揪着不放。

第三,想清楚后,把自己的感受告诉他,然后检讨自己哪些地方做得不好,以及以后打算如何化解彼此之间的矛盾。

男友总是突然消失不回信息，是不是对我不上心

当你咄咄逼人时，他就选择了逃避

Q：

凯紫，你好！疫情期间，我跟男友一直在吵架，几乎每次都是因为他突然消失，然后很长时间不回我信息，我非常生气。

春节那段时间，他经常被朋友邀去打牌，有好几次都是我中午发的信息他晚上才回，中间隔了五六个小时。我问他为什么不回我信息，他说没看见，手机放在另一个桌子上了。我不信能有人这么久不看手机。我觉得他就是没把我放在心上，他一直解释说不是。我不喜欢他打牌，后来他就没怎么打了。

昨天他说去做事了，然后一直不回我信息，我们又因为这事吵架了。后来，他发了一条信息，我没理他，他也没继续找我。今天，他给我发过两次信息，我下午回了他一句"我理不理你重要吗？"，然后他就一直没回信息来了，我们就这样冷战着。每次吵架之后都是他先找我的，但是他每次都直接跳过问题说其他的，于是我就更生气了。

因为这种事吵架的次数真的太多了,他每次都承认错误,并且一个劲儿解释说下次再也不这样了,但下次还是这样。为什么我每次因为同样的事情跟他吵闹,他还是一点都没把我介意的事情放在心上呢?如果是因为工作的事情忙到不能回信息,我绝对不会介意。我也不是想一直跟他聊天,我也有自己的事情要做,可他就是任何时候都这样,可以一直不回我的信息。

凯紫,我不知道我的想法对不对,能不能因为这种事判定他对我没那么上心呢?希望你能给我点建议。

A:

姑娘你好,你有没有想过为什么好好的一段感情会变成不断吵架呢?究竟是他的问题,还是你们之间的沟通出了问题呢?

我举个很简单的例子,假如现在你们角色互换,你好不容易过年回家一趟,和小时候一起长大的几个好闺蜜见面了。每天都有人约你逛街,本来和闺蜜逛街高高兴兴的,结果他总给你发信息,而且一发信息就是问你干吗去啦,你怎么去这么久,干吗不和我说话之类的,你会不会觉得很烦?你迟一点回复,他就和你生气,这时候你的感受是什么?所以请换位思考一下,你男友现在就是这种感受。

那他为什么不接你的电话呢?因为一接你的电话就要吵架,他害怕啊,他不想吵架啊。你看你说的,每次吵架都是他先找你,但是每次都直接跳过问题说其他的，这样你就更生气了。另外，你还说他每次都会承认错误，但你还是很介意。关于这点，我想告诉你，本来有些事情过去了也就没事了，可是你却非抓住不放。别人是大事化小，小事化了，而你是小事变大事，大事变更大事。

当然，你的理由是对的，如果他正在工作，你不会介意，你也不会要求他一直和你聊天，可是就是不能不回复你。关于这一点，还是回顾一下我前面说的你和闺蜜逛街的例子，当你们约在某个地方喝下午茶，聊天聊得正开心时，他发信息来要和你聊天，那你是回还是不回呢？如果回，他絮絮叨叨没完没了，问你去哪里啦，买了什么？如果不回他就生气，晚上还要和你吵架。那评估一下，反正回也是说个没完，不如现在先清净一下，晚上回家要吵再说吧。

现在回到你的问题，至于你的想法对不对，你不妨用换位思考的方式互换下角色，感受一下你的想法对不对。

至于怎么判断他对你有没有上心，那就要问问你对上心的标准是什么了。如果你要求有一个人永远能在第一时间回复你，这才算上心，那你会觉得所有人都对你不上心。就算你判断出他对你不上心，又打算采取什么措施呢？你是要分手呢，还是和他展开更激烈的争吵呢？除非你想分手，否则这个问题就毫无意义了。

你和他之间本质的问题，其实就是沟通的问题。你不知道如何表达自己的需求，明明希望他不要出去打牌，可是却只会用抱怨的方式说出来，而他也不知道应该如何表达对你的不满，于是你咄咄逼人,他选择逃避,这样的沟通方式当然会激化矛盾了。

如果换一种方式呢?你把自己的需求告诉他:"这段时间疫情还没结束,我很担心你的健康,你出门打牌真的让我不放心,可以少去几次吗?而且我也有很多话想和你说,陪我一起说说话好不好?"

他说:"好久没见的朋友,不去不合适,那我早点回来陪你好吗?"这样的沟通才能真正地解决你们的问题。当然,关于沟通,我们还有很多技巧需要学习,学会沟通也会让大家的感情越来越好。

我一心为家庭操劳，却得不到巨婴老公的认可

你越嫌弃，他越消极，
于是他就活成了巨婴

Q:

凯哥，我结婚四年了，我比老公大一岁，在收入方面，我比他高一些，但是，在和他相处的过程中，我发现了一件懊恼的事情。

家里所有的事情都是我来做的，尤其是在困难的事情上，他顶多是个配角。有时，我只是希望他能配合我来解决问题，但他不但不配合，反而泼凉水、扯后腿。我实在忍受不了和这种巨婴过日子了。

每次吵架之后，他就说因为他比我挣得少，所以我看不起他之类的话。因为他一年到头挣到的完全是死工资，还整天忙得顾不上家，而我总是想方设法在下班以后做点贴补家用的事情。我忙来忙去，你说我图什么？还不是一心为这个家庭操劳，但是我的付出得不到他的认可。家里的事情，他帮不上我，如果他一直不支持我，我多多少少也会心里不平衡吧。我觉得自己很亏。我的脾气很急躁，所以有时难免和他吵架，也说过一些难听的话。可能他觉得自尊心受到了伤害，认为得不到我的尊重。说实话，我确实很嫌弃他，但我也不想这样。婚前在我心中那么一个高大的男人的身影，现在怎么变得这么不堪？

另外，我是一个任何事情都愿意自己做的人，忙活了一圈儿，虽然解决了问题，但心里又嫌弃他，就和他怄气，总是因为解决完问题倒反而和他的关系变得更远了，最后我里外不是人。我实在受不了这种恶性循环了，请您指点我一下吧！

A：

你好，其实你自己也说出了你们关系中的核心问题，那就是你嫌弃他了。

很多女人不明白，嫌弃是婚姻里一种很糟糕的感觉，其实嫌弃就意味着你对他不满、意味着你对他挑剔、意味着你觉得这个男人无能。你想想，在这样的前提下，他还能成为你心里那个顶天立地的男人吗？

很多女人会说，是他自己不努力啊，是他不承担家务啊。就像你说的，家里大大小小的事情都是你在做，他顶多是个配角。我不得不说，这是很多女人在婚姻里的通病，老公之所以会成为配角，是因为你从来没有给过他当主角的机会。

我举一个很简单的例子，比如一个人刚开始上学，他需要一个老师，这样他不会做的题目需要老师教他，以后他才会越做越好。

男人在家庭里也是如此。女人本来就比男人细心、谨慎，而且持家能力通常比男人强。这就意味着，两个人组成家庭之后，女人就是男人的老师，女人需要把丈夫当成一个学生，耐心地教他，并且允许他犯错，可是多数女人都没有这份耐心，她会用自己的标准要求老公，就好像一个老司机要求新司机把车开得和他一样好，这基本上不可能。

人都是需要鼓励的，你越鼓励，他就会做得越好，你越是批判，他就会越消极，越不想做，于是变成了恶性循环，他也就成了你口中的巨婴。我希望女人明白，男人是一种自尊心很强的生物，越能够被认可，他就越积极努力。

我说一个很常见的生活场景。男人拖地板，弄得满地都是水，他不懂应该拧干拖把。

这时候A妻子说："你蠢啊，这点事都做不好，你不知道拖地板要把拖把拧干一点吗？你有没有常识啊？走走走，不用你做了！"于是，丈夫听完，灰溜溜地走了。你觉得他下次还会做吗？

听一听B妻子是怎么说的呢？"老公，你今天拖得比上次干净了，不过如果把拖把拧干一点会更好，这样你就不必用干拖把再拖一遍了。"你觉得这位老公是不是从此就知道应该把拖把拧干了呢？

我上面说的这个场景，其实就是生活中点点滴滴的缩影，若一个人总得不到认可，总被打击，你说他还有什么信心努力，又怎改变呢？你现在问应该怎么改变这种恶性循环，那你有没有想过，恶性循环的源头就是你自己呢？若要改变目前的状况，就需要从改变自己开始。改变你对他的态度，改变你说话的方式，改变你自己的心态。试试看吧！

> 老公不做家务也不照顾孩子,就爱打游戏,还说我无理取闹

沟通是不带情绪地
表达自己的需求

Q:

凯哥，我老公爱打游戏，每天下班回家既不做家务，也不带孩子，只要有空就打游戏，还跟别的女生一起玩。我很生气，他却说只是玩游戏而已，是我在无理取闹。我该怎么跟他沟通呢？我们每次都会因为他玩游戏吵架。请问，真的是我无理取闹吗？

A:

每次遇到这个问题，我都会劝女生先想想，这个男人不做家务，不带孩子，你当初为什么会嫁给他呢？

如果这个男人本性就是好吃懒做没救了，那我劝你放弃沟通，能离婚就离婚，不能离婚就忍着。如果这个男人以前并不是这样的，那你就要好好想想是不是你在沟通方面出了问题。

有一个事实我必须告诉你，有些男人不做家务的原因并非不想做,而是每次做的时候都被妻子嫌弃,久而久之,他就没兴致做了,妻子还得自己做。

最后女人是不满意的,然后就会开始抱怨。男人一听到女人的抱怨会觉得痛苦,也会害怕面对这样的婚姻,这时候,游戏就成了他寄托希望的载体,因为在游戏里他不需要面对家庭的琐事,也不会有人对他唠唠叨叨。也就是说,他表面上看起来是在玩游戏,实际上是在逃避婚姻,想在游戏里给自己找一个乌托邦的世界。

那么要如何改善,我给你四个建议:

第一,接受他玩游戏,让他有一个可以释放压力的空间,但是可以约定好玩游戏的时间和时长。

第二,向他表达自己的需求,告诉他自己一个人照顾家庭很累,孩子也需要父亲的陪伴。请注意,说这些话时不能带情绪,只是表达自己的需求,这就是沟通和无理取闹最大的区别。

第三,接受他做事情有瑕疵,也接受他的拖拉。比如,他洗碗没洗干净;再比如,他拖一次地板要两个小时。与此同时,在他做完之后要认可他:"老公,今天你和我一起打扫卫生,让我有更多的时间陪宝宝,谢谢哦。"这点我要强调一下,现在很多女人说"让老公做家务不能说是在帮忙,这是他应该做的",注意这种想法千万不能有。不管是不是应该的,只要他愿意,你都对他表示感谢,这样才会让他更有积极性。计较一个字又有什么意思呢,情商高的女人动动嘴就能让男人为自己"做牛做马"。你假装做个弱者求助于他，有什么不可以的呢？总比你坚守自己所谓的尊严，然后自己"做牛做马"过得开心和舒适吧！

第四，永远记住，吵架、抱怨解决不了问题，发泄情绪只会让事情越来越糟。大部分男人其实都是很容易被女人影响的，关键是你的方法要用对。

坚守原则底线：
好的爱情的前提是，
你爱的是一个好人

男友不允许我有任何异性朋友，他说这是因为太爱我了

明知道被控制是痛苦的，
但你却不觉得这有什么问题

Q：

凯哥，你好！我很苦恼，我跟现在的男友之前都有过一段失败的婚姻，他因为老婆出轨而离婚，我因为老公家暴而离婚！我们做朋友的时候，互相都感觉特别好，后来觉得彼此挺合适，也是互相喜欢的人，慢慢相爱了，可是在一起之后，却出现了很多可怕的问题。

他比我大9岁，为人比较古板。我是"80后"，性格比较活泼，平时有发朋友圈的习惯，比如自拍、生活记录。他偷看我的手机的时候拍下了里面很多聊天记录的照片。其实都是一些很平常的聊天记录，还有一些朋友圈里的留言。有一次，我们因为一点事情发生争执，他就把这些照片拿出来，说我是一个勾三搭四、和别人玩暧昧的女人，说给我朋友圈留言的都是一些围着我的苍蝇。在我看来，这就是正常社交，只是朋友之间开的一些玩笑。我自认为自己是一个价值观正常的女人，也不存在生活不检点的问题。从他拍的那些聊天记录上面的时间看,那时候我根本还没开始跟他交往。

这次之后,我觉得我俩不合适,提出了分手。他又求我复合,并且保证再也不会这样了。可是后来他更变本加厉,不允许我在手机上设置密码,什么都要给他看,不允许我有任何异性朋友,还说这样做都是因为很爱我。我跟他在一起的时间里,从来没有任何异性朋友,连仅有的一个发小都疏远了。

他的前妻曾经背叛了他,所以他从骨子里就认定女人都不是好东西。以前和他做朋友的时候,我不知道他这样,这个人太可怕了,任何脏话都能骂得出来,我从小到大都没有被人这样骂过,父母都不舍得骂我一句,我接受不了。现在,我要跟他分手,他却又纠缠并求我原谅,你说我该怎么办?我对他的感情也是认真的,但是这种认知上的差异要怎么调和呢?

A:

姑娘你好,看了你的来信,我本来以为你要问我,这个男人一直缠着你,怎样才能摆脱他,结果你的问题让我大跌眼镜,你居然问我要怎么调和两人在认知上的差异,这就是说,你其实还是希望可以和他继续走下去,想知道怎样才能改变他,也就是说,你在问我改变这个男人的办法。

你希望把他从一个不懂尊重别人、满口脏话的男人变成一个懂得尊重你、有修养的男人。你希望把他从偏执计较变成包容大方,还要善解人意。另外，你还希望治好他的疑心病，让他信任你，真正了解你。你甚至还希望他能从前妻背叛的阴影中走出来，开始新生活。

我想问你，你觉得他有可能改变吗？你想让这个人转性，让他变成另外一个人，你觉得有可能吗？

我想和你讨论几个问题：

第一，你动感情的时候有没有动脑子？

你对这个人很认真，你是真心的，你爱这个人，你有没有问过自己为什么会爱这个人？你爱他什么？他在哪些方面吸引了你呢？这些问题你要动脑子好好想一想，再问一问自己在这段感情里究竟想要的是什么，这个人能给你什么？有很多姑娘爱一个男人的理由很简单，就是因为这个男人关心过她、对她好过，或者被这个男人长得帅之类的一些感性条件所吸引。这种感情就好像昙花一现，很短暂，可是你却偏偏只记得花开的美丽瞬间。

第二，你的价值感还在吗？

一个男人可以用最难听的话来侮辱你，可以干涉你的私生活，可是你却相信他这样做是因为爱你。如果你本身自尊心很强，肯定无法接受这样打着爱的名义名正言顺地伤害和干涉你的人。当你不仅默认，还按照他的要求改变自己的时候，就说明你的价值观已经出现了问题。在潜意识里，你已经接受了他的无理要求，你认同了他所有的辩解。你不觉得他这样做是因为性格有缺陷，反而还原谅他，你相信是因为他前妻背叛，才导致他变得这样神经质。你怎么没有想过，有没有更多的可能是因为他的神经质，前妻才会离开他？

第三，你想要的感情是什么？

你的第一段婚姻是因为老公家暴所以离婚，会家暴的男人很显然具有偏执型人格，而你现在的男友虽然目前还没有动手打人，可是他和你前夫在某些方面很相似，可以从他对你的态度看出来，他也具有偏执型人格的特性。那么你就要问问自己，为什么总会和有偏执型人格的人走在一起了。很多人在成年后的选择都会和童年时期非常相似，比如童年时期我们和偏执型人格的长辈相处过，那么就会默认接纳这种相处方式，于是在成年后就会不自觉的选择和这样的人继续相处，因为这是一种从小熟悉的相处模式：以爱的名义控制你。这会导致你明知道被控制是痛苦的，但却不认为这有什么问题。

第四，你在感情里的底线是什么？

每个人都要有自己的原则和底线，有原则的人才能得到别人的尊重。当然，只有拥有足够自信的人，才敢坚持自己的原则。一个有底线的人才能得到好的感情，否则只会换来对方的变本加厉和你自己的痛不欲生。第一次，他偷看你手机，你原谅他；第二次，他辱骂你，你又原谅他；第三次，他不允许你有任何隐私，你还原谅他。你难道没有想过为什么前夫会对你家暴，不就是因为你一次又一次无条件的让步，让他一次又一次地试探你的底线，最后才发展成家暴的吗？一个有原则的女人，在男人第一次说脏话的时候就已经意识到他有问题，就应该果断地结束感情了，还谈什么调和呢？事实上，最后调和的结果也并不会是他改变什么，相反，只是你一次又一次改变自己对男人的底线罢了。

我说的这四个问题，希望你自己好好想想。这个世上没有人能够有什么好办法教你改变别人，别忘记那句话：江山易改本性难移。作为一个成年人，希望你永远不要抱有"改变别人"的幻想。

老公随便冤枉我、欺负我、伤害我，他还有救吗

当你对爱过分渴望的时候，你就会忽略人品的重要性

Q:

凯哥，我关注你好久了，这次决定跟你诉说我六年的婚姻生活！

我是一个被人领养的孩子，养父母是开饭店的（妈妈二婚）。因为妈妈不能生育，所以爸爸领养了我。从小没有安全感，渴望有人疼有人爱。我就是人们总说的那种"什么都不图，只图一个人对我好"的人。

初中毕业后，爸爸病重，妈妈让我出去打工。我去了一个幼儿园当老师，一开始，所有人都看不起我。我亲耳听到有位老师说"这么年轻会做什么，为什么要招这样的老师？"我没有生气，也没有哭，我发誓自己一定要做得比她们好，仅仅一年时间我就成为副园长了。我还考取了大专文凭，读书的所有费用都是我自己承担的。后来，爸爸还是离开了我。

21岁时，我遇到了现在的老公，我考验了他三个月，慢慢爱上

了他。恋爱的时候,我病了,他从很远的地方过来照顾我,我哭了他会哄我,我生气了他会抱我,他跟我求婚,我同意了。他是农村人,一开始我妈不同意我们在一起,但我还是决定嫁给他,聘礼我妈要了三万八千元。我们这边的聘礼都是一万元,但我妈说:"我替你父母养了你这么久,不该多要点吗?"

结婚后,我为了他放弃了工作,陪他一起下地干活。结婚一年后,他的本性暴露出来,不顾家,不考虑我的感受,还觉得我什么都不会,笨死了,觉得我麻烦,不再是恋爱时那样了。有一次,我病了7天,晕倒了,他不管不问。有一次吵架时,他说了我的缺点,静下来想想,我确实脾气怪,缺乏安全感,希望24小时跟着他。他说如果我改了就可以和恋爱时那样对我,我怕再这样下去婚姻真的要没了!所以后来他喝酒,我不管他,去哪里,我也不管他。我的脾气已经改了,可是他还是不理解我。

我微信里有一个心理医生,我们偶尔聊天,我老公就说我喜欢那个人。有一次,我认识七八年的一位男性朋友发过来视频邀请,我当着老公的面接了,他又说我嫌弃他穷,和人家有一腿,还要去打我那位朋友。

总之,就是这些事。我觉得亏欠他,对不起他。所以后来,他做生意要贷款,我就同意了,但是他亏本了,现在我在帮他还贷款。他没收入,我就努力赚钱。我重新开始工作,一是为了找回自己,二是为了和他一起分担贷款。现在已经还上一部分贷款了,我以为他会明白这三年我为他付出的一切，但现在却发现这一切只是"我以为"。这个月的贷款是他爸爸帮他还的，他说只有他的家人才对他好，完全否定了我。前段时间我发微信，他都不回，我也没多想，回家看他手机时才发现，原来是在陪别的女人聊天，而且两个人还约会。

凯哥，您觉得他还有救吗？虽然我没有以前在意他，但也想真心听听凯哥的建议。

A：

姑娘你好，我就想告诉你，你为什么会不幸福。

第一，你不知道好的感情是什么样的。

你看你的老公，你生病他不管你，你难过的时候他也不管你。从你的来信里，我既看不到他有承担家庭责任的能力，也看不到他作为一个男人的担当。你有没有想过，因为你从小得到的爱太少，不知道好的感情应该是什么样的，所以你才会找一个不好的男人。可你要明白，拥有好的感情的前提是这个人的人品好，如果这个人的人品不好，两个人的感情怎么会好呢？

第二，对爱的理解有偏差。

因为小时候很希望被爱，所以就会以为只要自己拼命付出就可以得到爱，但实际上爱需要平衡，你付出的和他付出的一样多，你们才能相处愉快。同时，你也希望自己的付出能够获得这段婚姻的掌控感，但结果是，你越付出越发现事与愿违。

第三，对爱过分渴望。

就像你自己说的，什么都不图，只图一个人对你好。这就很可怕，因为"好"这种东西很不稳定。真正好的婚姻，图的是这个人的人品，只有人品才是稳定的。当你对爱过分渴望的时候，就会忽略了人品的重要性，只是想拥有被爱的感觉，这就好比一个人肚子饿的时候，哪里还顾得上应该吃山珍海味还是萝卜白菜，反正能填饱肚子就行。

第四，没有底线。

他可以随便欺负你，也可以随便伤害你，还可以随便冤枉你，反正你不会生气，也不会走，还会努力挣钱给他花。也就是说，他能把你治得死死的，那他还需要考虑你的感受吗？

要怎么办呢？

第一，问问你自己想要的到底是什么。这段婚姻的模式是不是你想要的？如果是，你就继续留下，如果不是，你考虑一下自己应该怎么办。

第二，设定底线。既然你有能力挣钱，经济可以独立，为什么不能独立思考呢？为什么一定要依附他呢？

第三，重新审视自己在这个家里的地位。你究竟是一个妻子，还是一个保姆，甚至连保姆都不如？你不仅承担一切，还要付出辛苦所得的收入。

第四，想想这个男人真的是你需要的吗？你还这么年轻，你愿意一辈子把自己的全部奉献给他吗？关键是，他还不领情。

第五，学会独立。每个人都需要空间，你多给自己留一点空间，也给你老公多留一点空间。也许你会发现，实际上，在你们的生活里，他需要你的程度远远大于你需要他的程度！

姑娘，我想告诉你，每个人的生活都是自己的选择，为什么一定要他理解你，一定要他接受你呢？而你问我"他还有救吗？"，你不妨问问自己，这几年你努力做的这些事，让他发生过什么改变吗？如果你这么努力都没有改变，还能再有什么办法让他改变吗？

"江山易改，本性难移。"这句话，我想你也听过吧，这就好比你想要一个不懂礼数的人变得彬彬有礼，你认为这种可能性大吗？

最后，我还想提醒你一下，一个人是不是真的好，不是在于他有没有对你好过，而在于他能不能一直保持对你好的状态。如果你对这段感情的定位仅仅停留在"曾经好过"的阶段，那你就要好好问问自己，曾经的回忆真的能支撑你维持这段婚姻一辈子吗？

每次怀孕都被他打,我怎样才能让他同意分手

一个不想对自己负责的人，
就算脱离这个苦海，也会再跳入另一个苦海

Q:

凯哥你好，2014年6月，我和男友在婚恋网上相识，那年我22岁。当时，我觉得他情商很高，也很聪明，所以就答应和他见面，然后我们就在一起了，现在已经6年了。

在一起后我发现他已经33岁了（当初他拿了一张假身份证骗我说他25岁），而且离过一次婚，并且他的第二段婚姻还在继续。我想赶快离开这个男人，但他却说要割腕自杀。我被吓到了，一直不敢逃走。我多次提出分手，他就说要把我的裸照发到我学校的校园网上去，还要发给我爸妈，说我不检点。我只好求他别闹，说不分手了。

他经常坐火车来找我，从来没给我买过像样的礼物，但是我考虑他是单亲家庭的孩子，从小吃过不少苦，可能送我的这些东西在他眼里就已经是好东西了，他也把最好的给了我。

他性欲特别强，我们认识的第二年，我不幸怀孕了，他带我去妇产医院做人工流产手术。手术后，医生说需要输液三天。第二天去输液之前，他问我需要他陪吗？我这个人比较敏感，我觉得他说出这样的话，就是不想和我去，于是冒着雨一个人去了。到了医院，该刷卡缴费了，我想着做手术是他花的钱，输液我就自己付吧。可是等我回到他家，他问我花了多少钱，怎么他没收到短信时，我说刷了我自己的卡。他立马就急了说："你想花钱，你把钱给我啊，你拿我的信用卡去刷，那样还能帮我套现。"我当时特别委屈，我觉得我是在帮他分担压力，而他不但不领情，还责怪我。后来，我们吵了起来，他掐着我的脖子，还打了我一巴掌才完事。

去年冬天我又不小心怀孕了，又做了一次人工流产手术。休养期间，因为我叹了一口气，他心里也烦，就在我胸口打了一拳，当时我就上不来气了。如果不是我跪着求他，那天恐怕就死在他手里了。这种挨打，我不知道经历过多少次了。

接下来，他第二任老婆要跟他离婚，他死活不同意，但是不知为什么后来真离婚了。我当时想着认命吧，他在我老家买了房子，也来到北京工作。但是面对这样的日子，我还是不甘心，我不想以后的孩子在这样的环境里长大。

凯哥，我真的不想和他生活在一起了，他在我老家买房子的钱，我还了他一部分，现在还差26万。怎么才能让他同意我分期把钱还给他，而且不打扰我的生活呢？我今年28岁，耗不起了。

A：

　　姑娘，看到你的来信，你知道我的感受是什么吗？你就好像被他操控的一个木偶，这么多年始终被他牵着走。你一直扮演"受害者"的角色，在这场以爱为名的游戏里顾影自怜。不知道你有没有想过，世界这么大，你如果真的要走，他能找得到你吗？真是他不放你走，还是你自己没有勇气离开？在你身上，我看到了典型的"受害者模式"。那么什么是"受害者模式"呢？

　　就是有些人总会觉得别人对不起自己，什么都是别人的错。在任何事情和任何人面前，总是不自觉地把自己塑造成受害者和弱者的角色。

　　习惯这种模式的人大多在小时候没有被善待过，所以会习惯被伤害和辜负，不仅不会想办法反抗，相反还会产生一种"宿命论"，觉得这就是自己的命。更糟糕的是，很多"受害者"会错误地把这种伤害当作对方亏欠自己的证据，自己被亏欠得越多，就表示自己在这段感情里付出得越多，不仅不想离开，还会因为自己受了伤害，所以希望得到对方加倍的在乎和照顾。

　　其实每个人身边都存在这样的女人。为什么腿明明长在自己身上，可是她却心甘情愿充当受害者呢？其实是有这么几个原因：

　　第一，她不需要对自己的失败负责。

　　她习惯用逃避的心态面对人生，我过得不好不是自己的原因，是别人伤害了我。这样她就可以借用"受害者"的角色来掩饰自己的脆弱和无能，她就可以理直气壮地拒绝成长、拒绝进步。如果不是这个人，我怎么会过成这样呢？比如，这位姑娘怀孕两次，而且每次怀孕都被打，她可能从来没有想过，自己为什么遇到无赖不报警，不去他单位闹事，不去找他老婆，只会觉得自己是受害者，这个男人太坏，自己才会被打呢？

再比如，一开始她不敢离开，理由是害怕男人把自己的裸照发到校园网上和父母手里，但为什么不想想现在的网络怎么会让人随便发裸照，而他又要怎么才能加到你父母的联系方式呢？只要动动脑子就会找到这个男人话里的破绽。

第二，维持虚假的自恋。

被打都不离开，是因为一片真心。明明知道男人有老婆，还要和他在一起，相信男人会被爱感化，可以变成一个更好的人。这些看起来心甘情愿的牺牲，会给人带来心理上的优越感，让人觉得自己所做的一切都是在追求别人无法理解的高尚爱情。比如，姑娘去做人流，还要想着做手术的钱男人掏了，自己就为他着想，掏输液的钱吧。在这种情况下，还想为对方省钱。还有，男人在她老家买了房子，且不说房产证上有没有她的名字，她却说要还钱，而且还问怎样才能让他同意分期还钱。就算这房子真的写了她的名字，那不是更简单，直接卖掉就可以了，还谈什么分期还钱？这些毫无意义的付出，就是自以为高尚和极度自恋的表现。

第三，获得无条件的关注。

很多人全力付出，其实都有另一层需求，那就是希望自己的付出能得到加倍的回报。同时，成为弱者也就可以理所当然地获得别人更多的关注，也因为"披着可怜的外衣"可以摆脱一些原本该有的竞争。毕竟，多数人会本能地同情弱者，也会本能地给弱者更多的关心和爱护。

比如，这位姑娘一次又一次被打，虽然表面上看起来她一次又一次求助，但其实她的潜意识期待被打后的关注，因为大部分打女人的男人都有一个特性，就是在打女人后的某个时期内充满愧疚感，从而变得温柔又体贴。

那么这种"受害者模式"应该如何调整，如何彻底结束，让自己脱离苦海呢？姑娘，你必须要能做到这两点：

第一，有对自己负责的能力。

不要把自己受到的伤害归结于别人或者命运，一切都是自己的选择。一个不想对自己负责的人，就算脱离这个苦海，也会再跳入另一个苦海，因为他们永远觉得自己是一个弱者，永远没有面对和解决问题的能力，所以又怎么可能开始新生活呢？

第二，学会保护自己。

作为一个成年人，为什么连基本保护自己的意识都没有呢？但凡在百度上搜索"家暴"两个字，都会有无数条信息跳出来教你如何处理这个问题，况且现在还有《反家庭暴力法》。我们的社会是法制社会，你可以用法律保护自己。更重要的是，腿长在自己身上，你可以去任何地方，别说是离开熟悉的城市了，就算在同一个城市里，你换一个住处，换掉电话号码，他还能去哪里找你?

希望这位姑娘能够多思考，从正面解决问题，学会用网络搜索相关信息，实在不行还可以向妇联求助。有很多办法都可以帮你离开这个男人，除非你自己不想离开！

婆婆诋毁我，老公打我之后求复合，要原谅他吗

家暴背后隐藏的是
他的懦弱无能和自私自利

Q：

凯哥，我跟我老公从认识到现在有七八年了，我们是2018年结的婚。

我们是同一个地方的人，结婚后没有分家，一直跟他爸妈、哥嫂住在一起。从孩子出生到现在，我们断断续续地吵架。一开始，我只是跟公婆关系不好，现在我和老公的关系也不好。

老公一共家暴了我三次，前两次是我坐月子期间，第三次是今年的6月30日。那天，一家人出门买东西，因为跟老公闹了一点小矛盾，我就先回家了。他们打电话给我，我没有听到，于是就没有回电话。他们回家后，婆婆当我的面说要把我儿子掐死，当时我依然好好说："你为什么要把我儿子掐死，就因为我没有接到你的电话吗？"婆婆说我这不好那不好，我老公为了维护他的家人，叫我滚，到最后还动手打了我，一下午就打了好几次。我那时刚在医院做完流产手术没几天,他故意往我肚子上踢,我身上被他踢得青一块紫一块。我报了警,警察也只是做了笔录立了案。后来,我去医院做了全身检查,幸好没有什么事。

现在过去整整三个月了,中间我们互相把对方所有联系方式都删了。后来,他竟然重新注册了一个QQ号,伪装成陌生人来加我,我不知道是他就加上了。他找了我六七次,说要见面好好沟通,想复合。

刚开始我很坚定要离婚,我爸也说如果我不离婚,以后就不要跟他来往了,他不承认我这个女儿。我老公的意思是,我们在武汉租房子住,以后不回老家,就不会跟他家人有什么矛盾了。我问他,以后你能给我什么保障,他说把他身上的几万元都给我保管,以后什么都听我的。他说先处理好我们的关系,慢慢再处理和两边父母的关系。我动摇了,但我爸妈听完说我不现实,太单纯了。因为一个男人动手打老婆,有第一次就会有第二次、第三次……,这次已经是第三次了,我爸妈不希望我活得没尊严。可是我婆婆却逢人便说我没人要,到处毁我名声。

凯哥,离婚是我唯一的选择吗?我也不知道该怎么办才好了。

A:

姑娘你好,我不知道你内心是一个多自卑的人,在感情里才这么没有尊严?

你在婆家不仅被老公家暴,而且还没有地位。他们一家人都不把你当回事,不重视你,可是你现在却还问"离婚是不是唯一的选择?"

我想,你自己要回答以下这几个问题:

第一,你相信不离婚他会对你好吗?

第二,你相信不离婚你婆家人会重视你吗?

第三,你不怕下次再被打,并且还被婆家人语言暴力吗?

如果你不怕,你可以选择继续过下去。

当然,你可能会说,他和我保证不仅不会再打我,还愿意把钱交给我。那我请问你,前面几次动手之后,他难道没有保证过吗?

现在我来告诉你,什么样的人会家暴。

首先,这种人有偏执型人格,敏感、自卑、脆弱,一点小事都能暴跳如雷。这种人所谓的保证或者忏悔只不过是一种形式。

其次,家暴的背后隐藏的是他的懦弱无能和自私自利。他为什么要打老婆?因为他在社会上无法被别人认可,他需要证明自己的权威,所以回家就会打老婆。即使现在的忏悔是真心的,也无法阻止他发怒时的歇斯底里和暴跳如雷,因为他的情绪是不稳定的,随时可能失控。这种状态,连他自己都无法控制,你又如何确定自己可以控制呢?更何况,他也未必是真的对你有愧疚,也许他觉得凭自己的状态可能找不到比你更合适的女人了,甚至他可能觉得自己失去了一个可以为他洗衣、做饭、照顾父母和孩子的女人,才不得不妥协。

你说他妈妈到处毁坏你的名声，其实老太太这么做，是为了维护儿子的名声，这说明街坊邻居都看到警察到你家处理家暴事件了，都知道了他家暴的事，哪里还有女人敢嫁给这样的人呢？所以他回过头找你，恐怕也是知道再找一个很难了。再说，你相信一个有爱的男人会对妻子下得了手吗？你就不怕有第四次、第五次、第N次吗？"君子不立危墙之下"，如果你还想好好活着，安安稳稳过日子，就得离开这个给你带来危险的男人。

另外，我也想提醒你，现在已经有了《反家庭暴力法》，你不仅可以用法律保护自己，还可以在报警后，在派出所通过警察的协调，让对方以书面形式赔礼道歉或者写下保证书，而且要在派出所出示的和解书上写明家暴原因、家暴程度等，这样也有利于将来需要走法律程序时，让这些成为保护自己财产和争取子女抚养权的有利证据。

不过，为什么明明你父母劝你要离婚，可是你自己还想回头呢，这又是什么原因？

第一，你经济无法独立，没有工作，或者收入太低，无法养活自己和孩子，不得不依赖男人。

第二，你思想无法独立，不够自信，害怕自己离婚后会遭受异样的眼光，或者再也没有机会嫁人。

至于你的真实原因只有其中一种，还是两种都有，只有你自己才清楚了。那么"离婚是不是唯一的选择"这个问题，我想应该这样回答你：即使离婚，你也可能跟他复婚。其实你不应该问"离婚是不是唯一的选择"，而应该问"离婚是不是让自己过得好的唯一的选择"。可能这样问自己之后，你就会明白该怎么办了！

孩子摔到地上他又打我,想离婚,但孩子该怎么办

你的心软
在对方眼里等于没有退路

Q:

凯哥你好，我今年29岁了，我是二婚，带着一个女儿。我老公25岁，他是头婚，而且还是一个"妈宝男"。我们刚开始谈恋爱的时候对彼此的感觉挺好，相处半年没吵过架，一直很温馨。他主要的缺点就是有点小心眼，但我以为他是太在乎我，所以才这样的。

后来我们就领证结婚了，然后我跟着他来到了他的城市，跟他的父母生活在一起。婚后没多久我就怀孕了，怀孕三个月的时候他要看我的手机，我没让他看，于是他打了我一巴掌，下巴都被他打掉了。当时我就决定和他离婚，但后来他和公婆一直哄我，我就心软了。

孩子出生的第二天，临床的家属说二宝长得像大宝，他就用手机发信息问我孩子是不是他的，因为这个，我们吵了好几天架，那几天我一直都在医院里哭。

孩子七个月了,晚上睡觉前我把二宝收拾干净放在床上后,就去给大宝洗漱了。这时候没看住二宝,她从床上摔下来了,老公又打了我。是的,因为孩子摔到地上,他又打了我,而我给孩子洗漱的时候他在玩游戏。因为这件事,我彻底失望,想离开。可我要走了二宝怎么办?我如果带着她,就没办法上班挣钱,不带她走又不忍心。

我老公是一名工人,从来也不好好上班。虽然发了工资就会转给我,但前脚他转给我,后脚又一点点要回去,挣的钱还不够他自己花呢。我跟孩子日常生活的开销都是透支信用卡,现在连欠款都还不上了。我是真的想离婚了,但是二宝又该怎么办呢?

A:

姑娘你好,其实很多人都能在结婚前发现对方的问题,可是他们却会抱着侥幸心理选择自动忽略。而你在婚后发现老公有暴力倾向后又心软,所谓心软的真实原因其实是以下两点:

第一,没有主见,主场不够坚定。

第二,自身条件太差,没有选择权。

女生应该要知道,任何人一旦符合我上面说的这两点,就可以预见,婚姻一般都不会太好。因为你的心软在对方眼里等于没有退路,他不仅不会珍惜你,反而会因为你离不开他而变本加厉地欺负你。作为男方,他比你小,还是头婚,你比他大而且有婚史和孩子。从心理上来说,他很容易产生不平衡的感觉,会觉得是你高攀了他,自然也就更有可能对你苛刻。

所以这件事表面上看起来是这个男人的问题,但实际上是由于你过于急切地想给自己找个归属,想有人照顾自己和孩子而导致的。也许对于男人而言,他会觉得你只是想找个人帮你养孩子。你结婚前就发现他小心眼,但却觉得这表示他在乎你。我不知道你有没有想过,一个小心眼的男人真的可以接受帮别人养女儿吗?

再回到你的问题,你现在问我想离婚该怎么办,其实你并没有选择的权利,因为你现在连养活自己的能力都没有,所以没有什么两全其美的办法,要么就只能放下孩子,自己出去打工挣钱,先解决生存问题。要么就是选择隐忍,先把孩子养大再离婚。当生活一团糟的时候,你不能指望有什么办法能改变这种糟糕的局面,更不可能有什么两全其美的选择,因此你只能权衡利弊,做出让自己相对容易接受的选择。

> 他赌博、酗酒、家暴、出轨,家人劝我为了孩子将就过

在婚姻里
请务必保持自己的底线

Q：

凯哥你好，我是两个孩子的妈妈了，大儿子十一岁，小儿子九岁，长得都特别可爱，可我和孩子的爸爸之间存在很多问题。

我们刚结婚那会儿他赌博，我很生气，后来他就不赌了，但好景不长，没多久他又开始喝酒，喝醉了会撒酒疯。每次我说错了话他就动手打我，把我打得耳膜穿孔，到现在都没有好，需要做手术才能痊愈。后来，我又发现他在手机里和别人暧昧。因为疫情，孩子不能上学，需要在家里上网课，他就借这个机会买了一个新手机，把旧手机给孩子用了。孩子在旧手机里发现了他跟一个女人拍裸照的视频，拿给我看了。我当时气死了，浑身发抖，也哭不出来，那种感觉真的好心痛。他说事情已经发生了，还能怎样，以后再也不这样了，好好过日子还不行吗？

我现在不知道该怎么办了，家里人都劝我为了孩子继续过下去，可我心里的坎儿过不去。我真的很迷茫，不知道该如何是好了，还请凯哥帮帮我！

A：

你好，我一直有一个观点，如果你一开始就知道这个男人有恶习和性格缺陷，还坚持要和他在一起，那就要做好一次又一次被他伤害的准备。比如赌博的人就有成瘾性人格，所谓的"瘾"是什么，我来和大家说一说。

容易对某件事或者某种习惯上瘾的人，会把这件事变成生活习惯，并且影响到他对生活或者其他事物的兴趣。比如，过度吸烟、玩游戏、购物、炒股、吸毒、赌博，这些都是瘾。从生理机制方面来看，上瘾是大脑在处理奖励机制的过程，大脑里有一个"犒赏系统"，做这件事情会给自己带来刺激，或者能感到愉悦，然后心理对其产生了依赖。也可以说，容易形成成瘾性人格的人，在性格上或多或少存在一定程度的缺陷，如敏感、自卑、易怒、暴躁等。

从我上面的解释不难看出，一个有"瘾"的人，很难真正终止自己的心理需求，这也就是你老公酗酒和家暴的原因。

你老公既然是这样的人，你和他在一起怎么能过得好呢？

我知道有些女人总是太善良，对婚姻抱了太多希望，以为自己的好可以感化对方，可以改变对方，也希望对方改变之后会对自己更好。但这种想法基本上都是痴心妄想，最后有这种想法的女人会发现自己根本不可能改变对方，自己的人生轨迹反而被这个男人改变了，生活变得越来越糟。

再回到你的问题，你问我现在该怎么办，你能问出这个问题，说明其实还没有做出选择，或者说，你放弃了一次又一次选择的机会。

第一次：刚开始知道他赌博的时候。

第二次：他撒酒疯的时候。

第三次：他把你打得耳膜穿孔的时候。

你看，这么多次你都没走，不仅没走，还生了二胎，如果生下第一个孩子算你不懂事，或者算你不了解他，那生二胎的时候，他是怎样一个人，你应该很清楚了，可你还是把孩子生了下来。这样做不仅对自己不负责，也对孩子不负责，而且还把自己逼到了绝境。既然如此，那你还能怎么选呢？换一个角度说，如果他知道你会选择放弃，知道你有底线，他也不敢一次又一次伤害你。

至于现在，家里人都劝你别离婚，让你为了孩子将就过日子。确实，女人是受害者，不被理解也很痛苦。但为什么没人去和男人说"你老婆要走了，你得改"？反而劝女人要将就呢。根本原因是你需要他，比他需要你的程度深。一方面是传统观念的影响；另一方面是你家里人对你没信心，怕你离婚后一个人没有能力抚养两个孩子。

说了这么多，如果目前的现实条件让你确实无法离开这段婚姻，我只能给你以下几个建议：

第一，告诉对方你的底线。

第二，发现对方家暴要马上报警，并且做好笔录。

第三，保存好他出轨的视频，如果有一天需要离婚，这就是对你有利的证据。

可能我的这些建议不一定能改变你的婚姻状况，也不可能改变你老公的性格，但这样做至少能改变他对你的态度。最后，我想提醒所有女性，在婚姻里，有底线是一件非常重要的事情，请务必保持自己的底线。

> 怕孩子没有完整的家,我一直选择隐忍

父亲的无能与暴力，母亲的软弱与隐忍，才是带给孩子最大的伤害

Q:

凯紫，你好，我和老公结婚15年了，有3个孩子。正因为有这几个孩子，怕离婚后他们没有一个完整的家，我一直选择隐忍。

和丈夫结婚以来我没有花过他的钱，怀孕生孩子时都从娘家借钱花，现在我一边带孩子一边上班。他每天睡到中午12点，醒来就玩游戏，也不上班，没钱的时候就跟他父母要一二百元，而且他脾气还特别大，经常为了一点小事抓住我的头往墙上撞，往死了打。今晚，他再次打了我，这次我选择了报警，面对警察，他说打的是自己的老婆，不犯法。

有时候很想一死了之，可想想孩子，我又没那个胆子。现在我真的好想离婚，可孩子们怎么办呢？如果不离婚，我怕真的有一天被他打死，现在不知道还该不该再坚持这段婚姻了，麻烦您帮我分析一下吧，谢谢！

A：

你好，关于家暴的问题，首先我要提醒下女性朋友们，现在有一部法律叫作《反家庭暴力法》，其第二条规定"本法所称家庭暴力，是指家庭成员之间以殴打、捆绑、残害、限制人身自由以及经常性谩骂、恐吓等方式实施的身体、精神等侵害行为。"

因此你要明白，你老公对你的所作所为，已经触犯了法律！每个女人都要能懂得如何用法律保护自己，但在使用法律之前，你要明白家暴的本质是什么。

家暴的本质就是希望通过暴力取得家庭的控制权，他希望打你能让你听话，他让你做什么，你才能做什么。如果女性第一次被家暴时就选择了妥协，就等于对男人释放了一个信号：你是可以被控制的！于是必然会出现第二次、第三次家暴。道理很简单，因为他发现你不会反抗，所以也就没必要对你收敛脾气了。尤其是当女性在被老公家暴后还一个接一个地生孩子，接受这种糟糕的现状，接下来他只会越来越过分。

如果不出去工作，每天在家玩游戏，而且作为成年人还向父母要钱，因为一点小事就打老婆，那这种男人已经不只是有心理障碍的问题了，也不是你和他沟通或者妥协就可以改变现状的。你要意识到，这种男人脆弱的尊严，需要靠暴力支撑。

但是我在很多来信里都发现，很多女人不明白这个道理，还会一个接一个地给这样的男人生孩子，还会幻想用孩子来唤醒他们的良知和责任感，结果只会是搬起石头砸了自己的脚。我现在和大家说一说遭遇家暴应该怎么办。

第一，学会留下证据。

将一个旧手机带在身边，发现对方有可能动手的时候务必打开录音功能。

有条件的可以录下视频，或在家里安装摄像头，但记住这些都要上传到云存储备份，这样才能防止被老公发现后删除。如果是在公共场所，应尽可能地跑到有摄像头的地方。

第二，报警。

《反家庭暴力法》第十五条规定"公安机关接到家庭暴力报案后应当及时出警，制止家庭暴力，按照有关规定调查取证，协助受害人就医、鉴定伤情。"你可以把保存的证据提供给警察，或者让警察看一下你的伤势，告诉他们自己确实需要被保护，请求他们帮助你。

第三，做好笔录。

在派出所一定要做好笔录，而且做好之后要检查是否和实情相符，确认后才可以签字，若觉得不妥还可以要求修改。

第四，请求伤情鉴定。

可以请求警察帮你把受伤的地方拍下来，去医院治疗时也要明确说明自己是被家暴的，这样才会留下证据。如果伤情严重，可以请求派出所协助开出司法鉴定介绍信，再带上准备好的证据到指定机构做伤情鉴定。

第五，要求对方写保证书。

别去完派出所反而让他变得理直气壮，而你一点办法也没有，这样就错了。你坚持一定要去派出所，去了之后也坚持让对方写保证书。这不仅是对你自己的保护，将来也可以当作证据，还可以起到一定的威慑作用。

第六，申请人身保护令。

人身保护令有三个地方可以申请：居住地法院，对方居住地法院，家暴发生地法院。

为什么要申请人身保护令，因为很多被家暴的女性没有能力出去单独生活，出去后也很难担负起养育孩子的责任，而且可能还会再次被骚扰。那么人身保护令的作用就是让对方搬出去，而不是女性搬出去。大多数对老婆家暴的男人都是纸老虎，看起来很凶，但是面对法律就会变怂。如果在申请人身保护令之后他还纠缠你，你可以保留证据，先报警，再向法院提交证据，那么等待他的就是司法拘留和处罚。

事实上，很多女性遭遇家暴的时候，完全可以进行自我保护，尤其是当你在生活中并没有依赖男人，自己可以养活孩子时，之所以不反抗，问题就出在你选择了一次又一次妥协。很多女人都觉得离婚就不能给孩子一个完整的家了，于是变得没原则、没底线，这才是最糟糕的事。对方为什么敢对你家暴？因为你默许了这一切。

我们再来谈一谈家暴对孩子的影响。什么才是完整的家庭？一个家庭并不是有父亲和母亲就叫完整，必须有父亲和母亲的爱，才叫完整。当这个家庭里的父亲无法承担责任，年幼的孩子不断看到父亲的无能与暴力，以及母亲的软弱与隐忍，这才会给他带来最大的伤害。他们会变得敏感、自卑、情绪难以控制、具有攻击性，而且会极度缺乏安全感。你希望孩子将来变成这个样子吗？

说完这些，该怎么选择，没有人可以给你建议，毕竟你有三个孩子。当然，再多嘴说一句，女人不要把繁衍当作唯一的使命，一个新生命降临之前，负责任的父母都要考虑好双方的能力、家庭背景、环境等多方面因素；否则生的孩子越多，自己的生活就越艰难。也就是说，是你把自己逼入绝境的，以后不要到了没有选择的时候，才考虑应该怎样选择。

男友经常打我，
父母却让我凑合

遇到人品不好、性格偏执的男人，务必在第一时间离开他

Q：

凯哥，你好！做了很久的听众，今天说说我的故事吧。

我和男友在一起4年了，他比我大10岁。他离婚了，有两个小孩，目前由前妻照看。他每周不定时会回去陪他儿子，回去了就不接我电话。

当时我们在一起的时候他已经离婚了，他的前妻得知他和我在一起后，无数次发短信辱骂我是小三，说了很多难听的话。去年10月，他前妻又发短信辱骂我，甚至我全家都被她骂了个遍，还威胁说要让我在单位待不下去，我也回怼过去了。我无数次跟男友提过，让他处理好他前妻的事，他总是无动于衷，任由她辱骂我，甚至还责怪我不懂事，把他逼到死路上。

我把这件事告诉了我的父母和朋友，他说因为我跟父母和朋友告状了，把我打得鼻青脸肿。这已经不是他第一次打我了，他每次

都是因为一点小事就对我大吼大叫并且动手。可能是我太懦弱了，每次他打我之后又跟我道歉，我都原谅他。也因为他动手的事，我跟他提过分手，还从我们一起租的房子里搬出去了。他找不到我，就打电话给我父母，要我父母赔他20万元。这20万元包括我们一起生活的开销，还有他给我买的衣服和首饰。我父母实在拿他没有办法，就答应给他2万元，可是他又突然不要了。他到我单位门口把我拉上车，要我跟他一起去跳楼（每次吵架他都说要拉着我一起跳楼）。要不是车上还有其他朋友，当时的后果真的不堪设想。我不答应复合，他就去我父母面前跪着，让他们答应我跟他在一起，我父母也是真的没有办法了，一直劝我跟他凑合下去，我迫于无奈又跟他和好了。

可是凯哥，我真的没有办法再这样继续忍受下去了，太痛苦、太煎熬了，你帮我想想应该怎么办吧！

A：

姑娘你好，看完你的来信，我很惊讶，为什么你连保护自己的意识都没有，怎么能在这样畸形的感情里坚持4年？

为什么我这么说呢？请看以下五点。

第一，他真的离婚了吗？

你和他恋爱期间，他都要回去陪儿子，而且回去后还不接你电话，甚至还要关掉手机。不仅如此，他的前妻还会不断骂你是小三，难道你就没有想过，可能他根本没有离婚吗？就算他离婚了，你还要和这种男人在一起干吗？

第二，遇到家暴不懂得报警。

他不止一次因为一点小事对你动手，可是每次你都原谅他，可你就从来没有想过可以报警吗？家暴的特征就是每一次动手都特别狠，每一次忏悔也特别真诚，但无论多真诚，完全不影响他下次继续动手。

第三，居然真的赔钱给他。

他提出要你赔20万元，这简直是荒谬，你没有想过用法律保护自己，而你父母还真的准备给他2万元。他可以要你赔偿衣服和首饰，你为什么不可以让他赔偿青春损失费呢？

第四，任由他置你于死地。

你别以为他没有和你去跳楼是因为当时有朋友在场，这本来就是他在演戏。他到你单位门口劫持你，并且想要让你死。都这样了，你居然还不拿起法律武器保护自己。

第五，父母劝你跟他和好。

你的父母没有想过要保护你，反而劝你跟他和好，他们不知道他会伤害你吗？我常常和未婚姑娘们说，不要找比自己年龄大太多，而且离异有孩子的男人，除非你足够成熟，或者这个男人各方面条件确实优秀；否则，这真不是一种好的选择。跟这种男人结婚，你既要面对他和前妻的关系，又要处理好你和他的孩子的关系，还要考虑将来你们有了共同的孩子之后的家庭关系和经济问题。这就相当于自己选择了一条相对曲折的道路，给人生增加了更多的难题。

那要如何摆脱这段畸形的感情，我给你这么几个建议：

第一，求助司法部门。

他对你的种种行为已经明确地构成了犯罪，你需要具备用法律保护自己的意识。

第二，设置自己的底线。

一个没有底线的人永远不会得到别人的尊重。他之所以会变本加厉地欺负你，是因为你一而再，再而三地原谅他。

第三，勇敢起来。

有一句话你一定听过："人善被人欺，马善被人骑"，越软弱，越容易被欺负。希望你能行动起来保护自己。

在此，借你的故事告诉所有女性朋友，如果遇到一个人品不好、性格偏执的男人，你务必在第一时间离开他。尤其是那种自己做错事，还能把气全部撒在你身上的男人，你们一定要离他们能有多远就有多远。大家要明白，所有好的爱情，都有一个共同的前提——你爱的是一个好人！

规避背叛:
婚姻中的所有问题,
一定是夫妻双方共同造成的

怀孕四个月,老公出轨女同事,要不要放弃他

你习惯强势防御，
但他需要得到尊重和认同

Q:

我和他是大学同学，2013年读大一时我们就认识了，2015年在一起，2018年结婚。当时是我倒追他的，就连结婚，我也是背着父母和他领证的。其实我们也算患难夫妻，因为现实中存在太多的阻力。一直以来，俩人虽然异地，却也恩恩爱爱，患难与共，还一起努力买了房子。

他是机关单位的商务主管，我是老师。我们都在城市里生活，收入有一定差距，他每月工资到手12 000元，而我只有约3 500元。虽然他嫌弃我赚钱少，帮不到他，但一直以来，还是把工资都放在我这里，而且对我也很好，所以我对他也比较放心。

今年过完年我怀孕了，现在已经16周了。前两天，我发现他出轨一个离异女同事。一直以来，他都是以好男人的形象出现在大家面前的，他妈妈听说他出轨，气得吐血，被送到医院抢救。我知道这件事后,他解释说主要是因为我们相处的时间太少。我不想听他的借口,让他做出选择。他说感性选择那个女人,理性选择我。看到他不知道怎么选择,我说我退出,把孩子打掉,他净身出户。他又说舍不得我和孩子,当着我的面和那个女人发信息分手了。他还想补偿那个女人,说要给她钱,我不同意,最后他给了人家一部iPhone。

但现在他们俩又好上了,他说很喜欢她,很爱她。和我认识七年,在一起五年,都抵不过和她在一起几个月的感情深。那个女人之前住在公司宿舍,前夫经常来骚扰她,后来搬出来租房子住了。我老公也把自己的一些东西搬过去和她一起住。没发现他出轨的时候,我说我去看他,他说不要,怕我跑来跑去流产了。现在想想,都是借口。那女人听说他净身出户还不介意,说要和他一起奋斗两年,买房买车,也不明白这是图他什么。

第一,现在虽然他表面上选择了我,其实我知道他们并没有断了联系。

第二,我才26岁,毕竟还年轻,如果继续和他一起生活,我不知道该用什么样的方式面对他和我自己,内心很纠结,到底要不要放弃他?

第三,我真的不甘心看到他们在一起,我不想成全他,内心意难平。

第四,我怀孕四个月,而且是第一胎,如果不要,对我身体的伤害很大。

希望尽快能够得到凯哥的回复,谢谢你,辛苦你啦。

A:

姑娘你好,我能理解你现在面对老公背叛的不甘,老公在你孕期出轨,从道德层面来说,不仅是过分,还很缺德。他没有考虑你的感受,从这方面来说,他的行为是大错特错的。

但我们现在来讨论他有多么不道德,多么无耻,并不能解决你眼前的困惑,所以我要从另一个角度来帮你分析现在面临的情况。

我不知道你有没有想过一个问题,你们从2013年认识到现在,7年的时间,包括背着父母领证结婚,这里面还有种种阻力,但两个人都坚持下来了,直到现在,房子也买了,孩子也有了,可是日子却过不下去了,到底为什么呢?

特别不容易才在一起的两个人为什么过得不是越来越好,而是越来越差呢?很多女人会把男人的背叛用一个很简单的原因来解释,那就是"喜新厌旧",但真的只是这个原因造成的吗?

当然,不排除男人会有这种心理,但更多的原因是他在婚姻里得不到认可,感觉不到自己被需要。这也就是说,婚姻中的所有问题,一定是夫妻双方共同造成的。

可能你会认为,明明是他的错,为什么我还要说你也有责任,下面我来说一说原因。

你来信中说，看到他无法选择的时候你提出愿意打掉孩子，退出，他净身出户。表面上看，你是牺牲者，你在让步，因为他的错误，你宁可打掉已经四个月的孩子，但事实也说明了你是做事情很果断，而且很强势的一个人。发生问题的时候，你不会给彼此商量的空间，而是直接抛出一个结果，他只能选择Yes或No。说不好听一点，这是威胁。你威胁他，你如果和我离婚，我就打掉孩子。当然，你这么说是没毛病的，你不仁我不义嘛，但你要知道，这种处理问题的方式，对于男人而言，他会觉得自己不被尊重，没有被认同。我想有比较大的可能，你在和你老公发生冲突的时候，常常会用这种方式来处理。

你再看那个女孩，她却对他说，哪怕他净身出户，也愿意和他在一起。很明显，他得到了那个女孩认可，会有被需要的感觉，他能在那个女孩面前找到自己作为男人的尊严，这才是他会选择那个女孩的真正原因。你说不明白那个女孩图什么，但大概这就是你老公会为她动心的原因。

再来说一说你纠结的四个原因：

第一，他对你很好，你原本很信任他，但是现在他提出两个人的相处时间太少，你已经不愿意相信他的借口了。请问你们相处时间太少是不是事实呢？

第二，因为你还年轻，所以纠结有没有必要继续和他在一起。在你的描述中，他可有可无，而且你也不想为他耽误自己的青春。

第三，不甘心成全他们。你不想离婚是因为不甘心，而不是因为舍不得。

第四，担心怀孕4个月，打掉孩子对自己伤害很大，你考虑的是自己的身体，而不是孩子。为自己着想是对的，但你会不会过分冷静了一点？

从你纠结的几点来看，似乎一点点依恋和不舍都没有，我不知道这是因为你真的对他没有那么深的感情，还是想通过这种方式来保护自己，通过无所谓的心态和假装洒脱来掩饰自己内心的伤害。当然，你确实可以用这种方式来保护自己，但你有没有想过，可能就是因为你习惯的防御方式，导致了和你在一起的人很难走进你的内心，很难和你建立更深的关系呢？

现在你问我应该怎么选择，我建议你问问自己究竟是不是真的想离婚，你又能不能接受离婚这个事实。最重要的是，你真的确定不打算花一点时间和精力好好思考一下双方的问题，拯救你们的婚姻吗？你慎重地想清楚以后，再做决定吧！

老公为出轨对象欠债20多万元,这样的婚姻还有维持的必要吗

你把付出当作深爱的表现，
但实际是变相的控制

Q：

凯紫你好，我每天晚上听着你的声音入睡，殊不知自己有一天也会向你倾诉自己的心事。

我和我老公结婚整两年了，现在还没有宝宝。我很爱他，为他付出了所有，也非常相信他。最近，他总找借口出去办事，行踪不定，我心里很不舒服。

三天前，我去车里查看了行车记录仪，没想到我老公真的出轨了，我当时就崩溃了。这么好的一个人怎么会做出这样的事情？也许因为他伪装得太好了，我对他百分之百信任。因为信任，我从来不看他手机，可是那一刻，我感觉世界崩塌了。我打电话告诉他我都知道了，可他还骗我说没有这事。我立即打电话告诉了他的父母并通知他们过来。那晚，我和他父母三人在家里等他到半夜。他就在家附近，却不愿回来，说不敢面对我。后来，他爸出去找他，牵扯出他用信用卡和手机软件借款的钱加起来一共20多万元，我居然对此毫不知情。

我心里清楚，这笔钱是用在了那个女人身上，他爸妈始终站在我这边，说如果他要跟我离婚，就让他净身出户，权当没有这个儿子。他当着我的面说会和那个女人断绝关系，不想和我离婚，想好好过日子。我心软了。虽然心里非常恨他，可我还爱他，也放不下他。

那天我问他还爱我吗？他说会好好过日子。我心凉了。我问他，我对你这么好，为什么还要出轨？他说去年让我减肥我不愿意去，对我的感情就慢慢淡了。我问他，这能成为出轨的理由吗？他沉默了。

我回想了婚后这两年的生活，不知道从什么时候开始，我们回家就没有了交流。我做好饭，他吃饭的时候玩手机，吃完饭，筷子一丢往沙发上一躺依旧玩手机，洗完澡上床后依旧还是玩手机。因为爱，我一直包容他、惯着他、纵容他、就算他出轨、欠债，我还是选择原谅他，只要他愿意回心转意。

可是他出轨这件事在我的心里生了根，我无法再像以前一样相信他。我现在每天活得好累，虽然表面上心平气和，可内心已经千疮百孔，也明白我们再也回不到从前了！

凯紫，我现在很迷茫，心真的好累，想离婚然后一走了之，却没有把握能忘记他……

A：

姑娘你好，我们讨论婚后男方出轨的话题时，基本有两方面内容。

第一个方面：

很多女性觉得委屈、不公平，为什么自己付出了那么多，老公还要出轨。

在很多婚姻里，大家统一的观念是，出轨就是男人的问题，不管怎样，你出轨就是错的，不爱了可以离婚，为什么要出轨。

这个观点我非常认同，出轨是道德问题，两个人如果没有感情可以分开，但是不承认没有感情，还欺骗妻子，这就不应该了。更何况不仅出轨，还欠债，这就更过分了。有了这两个前提，我们会给这个男人贴上"渣男"的标签，妻子也会感到痛苦，这样的婚姻确实没有维持的必要了。妻子也不要心存幻想，一次又一次给对方机会，这样做的结果往往不能让对方感激你，他反而会觉得是你不肯放手，可能更加肆无忌惮。

第二个方面：

男人出轨就是"渣"，可是身在婚姻中，说走就走又谈何容易。很多女性无法做到轻易放手，最后还会在婚姻里坚持。这时候怎么办？我的建议是理性的思考下自己的问题有什么。作为妻子，与其抱怨丈夫出轨，不如检讨一下为什么自己会找一个容易出轨的丈夫，要找出问题是出在一开始的选择上，还是出在两个人的相处模式上。

我为什么要先说这两方面内容呢？因为每次讨论到出轨的话题时，女性都会很激动，觉得自己是受害者。但是我们也必须清楚地知道，在婚姻里，如果把自己放在受害者的角色，不仅无法解决问题，还会越来越痛苦。因为你永远觉得对方对不起你，觉得不甘心，觉得自己的付出得不到回报。无论最终离婚还是不离婚，这样的心态和情绪不仅不能解决任何问题，只会让自己的状态越来越糟。所以，要让自己做出正确的判断，应该反思和检讨自己的行为，而不是谴责对方。

在这段婚姻里，你要反省的问题有哪几点呢？我来帮你梳理一下。

第一，你为他付出了所有所有，你用了两个"所有"。这两个所有相当于你在你们的感情里放了一个又一个砝码，你说这段关系能不失衡吗？

第二，为什么你会对他那么好，为什么你要为他付出那么多？很多人把付出当作深爱的表现，但实际上，付出太多也等于变相控制别人。因为他没有那么爱你，甚至可能一开始还不愿意和你在一起，但你不肯放手，拼命对他好，只希望这种好能让他感到愧疚，从而对你妥协。

第三，发现老公出轨后，你第一时间不是想着你们两人一起处理问题，而是把他父母拉进来。两个人的事情不是不应该告诉父母，但沟通无效之后再告诉父母才是更好的办法。如果一开始就让父母介入，实际上就表示你不打算和他沟通了，只想给他施压，让他妥协。

第四，他让你减肥，说明不满意你的身材。你又说到你对他的好，以及婚后你的小心翼翼，我想大概是因为他长得比你好看吧。从颜值方面来说，你高攀了他。他让你减肥，其实就是告诉你，他不满意你的外表，可是你却没有改变。你既然那么爱他，什么都愿意为他做，为什么却不愿意减肥呢？而且减肥也并不是为了他，不也是为了自己吗？

我说的这四点，不知道你有没有认真思考过。

你给我的来信里没有提到过你们之前的感情，也没有说过他是怎样对你好的，哪怕是过去的好。我想，可能你还要问问自己，你确定他爱你吗？你们真的相爱吗？如果你都不敢相信他是爱你的，那么单方面的感情应该如何维持？或者说，还有维持的必要吗？

老公在外面有人,婆婆说不能过就赶紧离婚,我该怎么办

婚姻出现问题时,让老公承担所有责任,只会加速婚姻的结束

Q:

凯哥你好,我真的不知道要怎么办了。今天晚上,我跟老公吵架了,这是过完年第二次了。

我24岁,老公26岁,我们是自由恋爱的,从认识到谈恋爱再到结婚已经8年了。结婚3年了还没有孩子,有房有车,还开了一家小公司。我们小两口在县城住,公婆在距离我们不过十分钟车程的乡下住,每年我们回乡下过年。

从去年上半年开始,我就已经知道老公在外面有别的女人了,至于真的只是聊骚还是怎样我也不是太清楚,各种女人就没有断过。今天,我们又因为他在外面的女人吵架了,我动手打了他,婆婆看到后,不但拦着我,还把我的手抓淤青了。之前我也跟公婆说过他们儿子的事情,每次婆婆都帮她儿子说话:"男人在外面这样是正常的,只要他不把外面的女人带回来,你就随他去,他还能翻

天不成？"每次都对我说："我把你当自己的女儿一样"。这话我也就听听，没当真，毕竟人家自己有女儿。今晚，婆婆说，你俩能过就过，不能过就赶紧离，而且还说了很多难听的话。重点是我们夫妻二人都没说要离婚。

今天晚上，婆婆的话确实伤到我了。可能因为原生家庭导致我内心比较敏感脆弱吧！我母亲去世得比较早，父亲在我16岁的时候因为出车祸，也去世了。我还有一个姐姐，她的脾气也不是很好。

因为我没有了父母，所以把公婆当自己的父母一样对待，对他们，我是绝对的孝顺，逢年过节不是给他们钱就是给他们买衣服，平常回家也会帮他们做家务，但对于他们，我依然还是一个外人。可能婆婆觉得，我结婚这么久还没让她抱上孙子，对我一直有怨气，只不过平时积压在心底。

本来准备疫情结束再跟他提离婚，闹了这一出，他妈直接赶人了，我已经把自己的东西收拾好了，准备先找一个酒店住下，等疫情过去再说！希望凯哥可以给我一点建议，谢谢！

A：

姑娘你好，当发现丈夫在外面有种种背叛迹象的时候，你就要想到一个问题——你们的婚姻出状况了。这个状况要么是一开始就潜伏在婚姻里的，比如他就是一个喜新厌旧的人，是一个渣男。要么就是他和你在一起已经感受不到家的温暖，得不到你的关心，从你身上体验不到爱的感觉了。究竟你们的婚姻出了什么问题，是前者还是后者，只有你自己知道。

你知道老公背叛已经很长一段时间了，却还没有离开，这又说明了另一个问题，就是你对你老公的需要，远远超过了他对你的需要。从你的来信中看，也确实如此。你没有父母，这也就意味着，如果这段婚姻不能给你一个归宿，实际上你是没有地方可去的。这不仅是你在去年上半年就知道他背叛却一直没有走的原因，也是你婆婆可以提出让你离婚的原因。我说出这点很残忍，但你要意识到，这就是事实。

再说你的脾气，你也说了自己脾气不好，从你说和老公吵架还动手打他这件事来看，你的脾气确实不小，于是婆婆说了重话也就可以理解，你都动手了，她怎么能不心疼自己的儿子呢？更何况过年回家几天，就能吵两次架，你让她这个当妈的心里怎么想呢？就算真有什么矛盾，聪明人也不会在婆婆面前对老公大打出手的。

你现在希望我给你建议，我不知道你是不是和老公一起创业，也有自己的收入，可以养活自己。如果是，你当然可以不高兴就走人，没必要留在那个家里受委屈，但如果不是，你并没有经济来源，是靠老公挣的钱生活的，那我就建议你先出去找个工作，先解决生存问题再说其他的。

婚姻出现问题，让老公来承担所有责任很容易，可是这样只会加速婚姻的结束，并不能改善你们的关系。可是这件事你真的没有责任吗？我想也未必，你的性格和你对他的态度，有没有值得反省和检讨的地方呢？建议你仔细考虑一下。

为了孩子上学,夫妻两地分居,怀疑老公背叛了我

当夫妻间没有了情感流动，谁先背叛只是因为谁先遇到了那个人

Q:

　　凯紫你好，我结婚十几年，有两个孩子，其间经历过老公的两次背叛，每次我想离婚，老公就跪下求原谅，双方父母也不同意我们离婚，迫于现实生活中的各种原因，我们只好一直生活在一起。

　　今年8月，由于上学的问题，我离职带着孩子生活在另外一个城市。我和老公处于两地分居状态，但是距离不是太远，开车需要一小时左右。刚开始，老公每天会给我打好几个电话，也经常和孩子视频聊天。两个月过后，电话少了，也不和孩子视频了，他说工作非常繁忙，压力很大。慢慢地，我感觉两个人之间生疏了，好不容易培养起来的感情和信任在我内心也崩塌了。

　　昨天元旦，他说公司全部的人都在加班，就不回家了，接下来的每个周末也不回家，等年底放假的时候再回。当天晚上9:40，我向他发起视频通话，他没接。我接着给他另一个微信账号发起视频

通话，也不接。过了几分钟，他给我打电话，我问他在哪里，他说在外面跟朋友喝酒。我问："为什么不接视频通话，都是朋友，视频一下怎么了？"可疑的是他打电话的环境非常安静，不像喝酒的地方。我问："你为什么不回家，宁愿和别人喝酒也不回家陪孩子，你到底跟谁在一起，马上接视频给我看。"结果他就很生气很凶地说："就是不接！"我说："你要是不接视频，我立马开车带两个孩子去你那里"。他没办法了，就说要把那个一起喝酒的朋友也叫过来一起视频，我说可以，无所谓。电话挂断后，过了好几分钟，他才跟我视频连线，但地点已经换到大街上了。

我想，他一定是又找了一个女人，背叛真的只有零次和无数次吗？我真的不想再这样继续生活下去了，可是想到两个孩子，我又不忍心离婚。凯紫，你说我该怎么办？

A：

你好，我能理解你作为妻子面临丈夫背叛的痛苦，自己辛辛苦苦带娃，可是老公不分担也不负责，这种情况换谁都会不痛快。可是这个问题你必须问自己，因为孩子上学的问题，离职带着孩子在另外一个城市生活，在做这个决定之前，你有没有预想过，有一天可能发生如今这种事呢？你有没有认真思考过，是什么原因造成你老公从一天打好几个电话到后来电话少了，视频也少了，这只是他一个人的问题吗？会不会是因为你们之间的沟通和互动方式出现了问题呢？

下面假设一个场景。

丈夫：今天的工作任务很重，领导要求很高，我这个月不知道能不能完成任务，压力很大。

妻子：今天早上孩子赖床，在学校里不好好听讲，被老师批评了，真是伤脑筋。

丈夫：这几个月如果任务不能完成，今年的升迁就无望了。

妻子：晚上我还要送大宝去上辅导班，我这几天连饭都来不及吃。

……

从这段对话里你感受到了什么？夫妻俩谈话根本不在一个频道上，完全是鸡同鸭讲。丈夫想和妻子倾诉，妻子什么也听不进去。妻子想和丈夫倾诉，丈夫完全没反应。在日常生活中，有多少夫妻都是用这样的方式交流的？这就是本来很亲密的夫妻，到后来无话可说的原因。因为你们都没有顾及对方的感受，也不愿意倾听对方的心事。夫妻关系里已经没有了情感的流动，双方都变成了独立的个体。在这个时候，无论是男人还是女人，都会存在极高的背叛比例，谁先背叛取决于谁先遇到了那个人。

遇到这种情况时，我们会伤心、会痛苦、会想结束这段糟糕的婚姻，但为什么你不敢做呢？

可能有这四个客观原因：

第一，你全职带孩子，需要有人负担孩子的开支。

第二，你没办法接受和孩子分离。

第三，你无法面对父母的反对。

第四，你在精神上已经对这个男人和自己的婚姻产生了依赖。

这四个客观原因真实存在就意味着已经不是你想不想离婚，而是你能不能离婚的问题了。

既然不能离婚，就应该想办法改善夫妻关系，重新建立夫妻之间的信任。这其中的重点又在于，如何让亲密的情感重新在你们之间流动起来。当然，这是一个需要长期学习的过程。

我给你几个简单的建议：

第一，先认真权衡一下孩子和老公之间的关系，认真思考这个问题：是上好学校重要，还是家庭的完整性以及父亲的陪伴对孩子更重要。

第二，多听一听老公诉说为什么压力大，又在忙什么工作？

第三，主动让孩子多和老公联系，培养父子亲情，并且商量一下父子见面的固定时间。

第四，不要胡思乱想，即便你猜到的是真的，也最好跟他好好沟通，不要兴师问罪。只有双方都正视自己的问题，才能改善婚姻关系。

在婚姻关系中，每个人都要能够意识到，婚姻出状况一定不是单方面的问题，而是由双方共同造成的。只有双方都有改变的意愿，各自调整自己的心态，两个人的关系才能变好。

丈夫和别的女人关系暧昧，离婚后又求复合

完整的家庭，
不是指勉强维持的婚姻

Q：

凯紫，你好！我关注你很久了，终于鼓足勇气把我的故事说出来！

我今年36岁，结婚已经9年，但现在离婚了。在身边所有人眼里，我和前夫郎才女貌，而且现在的生活条件很好，不至于走到离婚的地步，可是婚姻合不合适只有当事人心里清楚。

我们结婚的时候，他父母只出了房子的首付款，房子的户主写的是他爸的名字，我们自己还贷款和装修，这些我都不在乎，我看上的是这个人，不是他的经济条件。他妈说没有给彩礼的说法，当时我听了真的很生气，因为彩礼是从老一辈传下的规矩，没有钱可以少给，但是他家就说没有给彩礼的说法。

前夫明知道他妈做得不对，却向着他妈说话。当时我们已经登记结婚了，但为了彩礼的事，我想过放弃他，不是因为那点钱，只是他家人的态度让我寒心！后来他妈看出我的态度，妥协了。

女儿出生后，家里的开销也大了，没办法，我把孩子托付给我妈照顾，我和他开始了两地分居的生活。那几年，每个周末我都会开车往返200公里回家看他和孩子，也是在那个时候，我们的生活慢慢好了起来。

在准备结束两地分居的生活时，我发现了他和一个生意上有来往的女人关系暧昧！问他，他却矢口否认，说我疑神疑鬼，有病似的。我的性格属于那种大大咧咧的，结婚这么多年也曾看到过他和异性聊天开玩笑很暧昧的时候，但我选择相信他，因为我觉得他不会动真格的。但这次不一样，和这个女人有业务往来的这几年，他的变化我是能感觉到的。那段时间，他的态度明显变了，女儿感冒发烧他也不管，都是我一个人带着去医院的。工作之余，我开了一家瓷器店，平时找人帮忙打理，生意还算不错。开业之初，我让他帮忙转发朋友圈，他转发的时候却屏蔽了那个女人。我问他原因，他各种推托，真是见了棺材不落泪的那种态度！后来，我发现他们两个人开车去了另一座城市，他解释说那是需要一起去办一个资质证书。

我不让他和那个女人再联系，他嘴上敷衍着答应了，却还是和她偷偷联系。后来，他再说什么我都不相信了，只要有一句话惹怒了我，我就忍不住发了疯一样和他吵架，这种日子维持了两年。

我想给孩子一个完整的家，逼着自己忘记这些事，可是却发现自己做不到，整夜失眠睡不着，身体也出现了一些问题，于是我提出了离婚。刚开始，他死活不同意，但看我态度坚决，他没办法，只好同意了。

离婚后，我遇到了现在这个男人，巧合的是我们十多年前就认识，那时候我还在读大学，暑假的时候我在他父母开的饭店里打过工。他对我很好，对我女儿也很好。说实话，离婚后，我没想过再婚，至少短时间内不会考虑这个问题，但是他还没结婚，他家人都催着他早点结婚，我想退缩但又害怕伤害他！

以前不明白为什么有人会恐婚，我现在就是这种心态。前夫这段时间一直找我复婚，还做了女儿的思想工作。我真的心疼孩子，她很懂事，我问她希望爸爸妈妈和好在一起吗？她说她希望看到开心的妈妈。

凯紫，我现在很迷茫，不知道自己为什么会变成这样，这种优柔寡断的性格连我自己都讨厌！进一步却没勇气，退一步又不甘心！我该怎么做？

A：

你好，我建议你先想一想自己想要的是什么，你还愿不愿意回到过去那段婚姻里？

如果你很清楚和前夫复婚后，自己不会开心，那么就要告诉女儿："你希望妈妈开心，可是妈妈和你爸爸在一起不开心。因为爸爸妈妈在一起的时候有很多矛盾，这些矛盾可能你现在不懂，但是妈妈会觉得很受伤，所以妈妈不想再和爸爸一起生活了，但是无论爸爸妈妈是不是在一起生活，我们都很爱你。"其实孩子们很懂事，虽然他们很希望爸爸妈妈在一起，可是却都很愿意理解自己的爸爸妈妈。只要孩子能持续感受到爸爸妈妈的爱，你这样跟她说，我相信她会明白的。

很多夫妻都存在一个误区，想给孩子一个完整的家，所以哪怕自己很不情愿，也要勉强维持婚姻。但实际上，真正好的家庭并不是形式上的完整，而是健康、和谐。那什么是健康，就是爸爸妈妈好好在一起，两个人相亲相爱，相敬如宾。而且你有没有想过，如果你们复婚之后还是重蹈覆辙，再继续不停吵架，连最基本的信任都没有，这不是给孩子重复并且加倍的伤害吗？这只会让你家孩子的性格会越来越糟糕，越来越敏感和自卑。

至于你现在遇到的这个所谓对你好的男人，我不知道你认识他多久了，谨慎肯定是对的，但过分谨慎其实就是对对方的不信任，那也会对他造成一种伤害。你权衡是不是可以和他在一起，可以参考以下几个条件：

第一，你们相互了解的程度。比如，确定关系一年以上，双方知根知底，这时候是可以考虑结婚的。

第二，对方家庭的态度。如果对方的家庭成员都接纳你，并且还很喜欢你女儿，大家都能友善相处，也是可以考虑结婚的。

第三，你自己喜欢对方的程度。你有多喜欢他，你自己心里明白，有时候不珍惜就会错过，所以要权衡清楚。

另外，我也想告诉你两点：

第一，两个失去信任的人继续在一起是很难的。虽然不是不可能，但是重建信任需要双方付出巨大的努力，更重要的是，很多时候，人都是好了伤疤忘了疼的。

第二，上一次背叛你的是你的前夫，不是你现在的男友。你用别人的错误来对待现在陪着你的人，不仅是对他的不公平，也伤害了你自己。

> 陪老公从一穷二白到现在年入百万元,如今却遭到他的背叛

规避背叛：婚姻中的所有问题，一定是夫妻双方共同造成的

在他最落魄的时候，
你是支持鼓励还是否定打击

Q：

我跟老公是认识3年后结婚的，现在结婚12年了，婚后育有两个男孩。

我是广州本地人，在本地一所大学读的本科。大学毕业后，我和同学去旅游，在回来的火车上认识了老公。他在广州工作，之后他经常来我们学校的图书馆，一来二去我们就恋爱了。当时，我的家人强烈反对，父亲还因为这件事要跟我断绝关系，因为我老公当时只是普通的销售员，家境贫寒，一个人来广州拼搏。

我毕业2年后跟他结婚了，当时条件不是很好，属于裸婚。我毕业后到学校工作，当时是作为代课老师，工资并不高。后来，我因为怀孕身体不适，就辞职了，生完之后就全职带小孩。

孩子1岁的时候因为我们经济压力大，他父母过来帮忙带小孩，但婆媳关系很不好。在小孩3岁的时候，我们开始创业，他父母因为

跟我合不来，就回老家了，我们两口子带着小孩做一些小买卖。

今年是我们创业第七年，年收入也从之前几十万元增加到现在的一百多万元了。

我第一次发现老公出轨是小孩三岁多的时候，原来在小孩几个月的时候他就已经出轨了。被我发现后，他承诺回归家庭，不再和那个女人联系。

在第二个小孩出生半年时，我再次发现他跟那个女人还在一起。顾念小孩还小，而我没有经济能力独立抚养他们，所以选择原谅老公。

今年过年前，我发现他依旧跟那个女人保持联系，我彻底死心了。因为我平时在档口做事就很忙，每天忙完生意又忙着照顾小孩。他经常找借口说有应酬，不回家吃饭，有时候还在外面过夜。

在婚姻中，我觉得已经没有爱了，所以我这次不再原谅他，只希望能多争取一些财产，保证两个小孩以后的生活。

A：

姑娘，你有没有发现，你们从恋爱到现在，两个人的角色彻底来了一场互换。

十几年前，你认识他时，他还只是一个穷小子，你家人对他极不满意，甚至你父亲为了阻止你和他结婚，还要和你断绝关系。他从一开始接受的就是你家人的冷眼，你父亲之所以会如此反对，无非就是不相信这个人有一天可以出人头地。

你们结婚后，公婆过来帮忙，但是你和婆婆的关系还相处得不好。我不知道你有没有想过，在那个时候，作为一个男人，他会有深深的无力感，这让他不得不承受着痛苦。自己不被认可，父母也不被接纳，这对于一个男人而言，那时候的他多想有一天能证明自己是优秀的。经过十几年的努力，终于，他实现了人生的逆袭，从一穷二白到现在年入一百多万元。这时候，选择权就发生了改变，他从一个被动的人，变成了一个主动的人。

我说完这些，你能明白他出轨的原因了吗？我再来和你仔细地说一说。

第一，需要认可。

很长的一段时间被否定，不被认可时，男人会产生一种强烈渴望得到认同的心理，这时候如果遇到一个关心他、理解他、崇拜他的女人，情感的天平就很容易倾斜了。

第二，报复心理。

很多男人可以和女人共苦，却很难同甘。因为跟他共苦的女人见过他最糟糕、最落魄的样子，并且曾经否定过他，也打击过他，于是当事业有成之时，他就会实施报复的。

为什么我要和你说这两点呢，因为你们的婚姻能从一无所有走到今天，是两个人共同努力的结果。在彼此最难的时候都坚持下来了，为什么现在日子好过了反而要放弃呢？当然，你要问我出轨这种事情他会不会一而再,再而三,我不知道,也不能代替他向你保证,毕竟我不了解你们家庭的真实情况和相处模式。

但我很想和很多女性朋友说一点,很多人会说"男人有钱就变坏"。当然,有一部分男人确实有钱就变坏了,可这并不代表所有男人都这样。虽然这些男人可能也做了错的事情,但女人不妨也好好想一想,这么多年,在他最难的时候,你做了什么呢?你除了不离不弃之外,是给他支持和鼓励,还是每天抱怨呢?

你说自己已经做好了不原谅他的打算,但我还是建议你三思。你带着两个孩子,而你的父亲又是一个专制霸道的男人,如果真的放弃婚姻,带着两个孩子回家,你就能过得比现在好吗?

> 离婚不离家，为什么他又要瞒着我在外面找女人

请彻底离开，别患得患失，
也别藕断丝连

Q：

凯哥你好！我跟前夫育有一儿一女，我们离婚已经三年了。他一发脾气就会打我，我受不了，所以离婚了。结婚后，我们两地分居十多年，他一直在外地工作，我在家上班照顾两孩子。离婚后，我们还是过着夫妻一样的生活，他每个月休假会回家待一个星期，孩子看到他回家很高兴，一家四口一起去外面吃饭也很开心！

今年5月1日，他回家了，我跟平时一样对待他。疫情期间，儿子在家学习，我上班去了，儿子就拿他的手机上网课。后来，我无意中看到他手机相册里有他和别的女人开房的亲密照片，我当时心就碎了，一身冷汗。在外面找女人，回家竟然还跟我一起睡。我就把他拉出房间，问他在外面有人了吧，他很冷静地说是的，只是玩玩而已，还说会跟她断掉关系。

因为女儿7月16日要中考，我们一直都用电话联系的。我把这件事告诉了他表姐和他母亲，她们也一直在骂他，叫他跟外面那个女人断绝关系，为了两个孩子好好过日子。他跟我和他母亲、表姐说已经和外面的女人断绝关系了，想回归家庭，但我还是不敢相信，现在快两个月了，我觉得他的变化不是很大。离婚以后，他对我也没什么改变，我现在想不通他在外面找女人为什么不告诉我，还一直隐瞒我说没找！

凯哥，请求你回复，请帮帮我，这种男人能要吗？

A：

你好，你问你前夫这种男人能要吗，这个问题其实没有意义。

为什么我说没有意义呢，因为你连离婚了都还可以跟他住在一起，说明根本离不开他，那还谈什么能不能要呢？从你前夫的角度来看，他既然已经和你离婚了，从法律上来说他就有权利和别人恋爱，你并没有适当的身份阻止他。更何况，从他的角度来看，之前对你家暴，后面又离婚，可是离婚后你居然还要和他住在一起，那不就是告诉他，你不想离开吗？他知道你不会轻易离开，那为什么还要对你有所顾忌呢？

另外，我也想和女性朋友说两点：

第一，如果你觉得这个男人不好，想离开他，就请你彻底离开，别患得患失，也别藕断丝连。现在这样的结果就是在告诉对方你没有底线，可以肆无忌惮，不用考虑你的感受。

第二，若要挽留一个男人，就不要轻易把他出轨的事情告诉他的家人。

在别人都不知道的时候，他还会顾及颜面和你在一起，一旦所有人都知道后，可能他就要破罐子破摔了！至于他为什么不告诉你在外面找了女人，我想，一方面是他确实还没有做好彻底离开你的准备；另一方面也是怕你闹，怕你惹麻烦。当然，这也释放了一个信号，他其实已经有另找他人的想法了，目前还没走，无非是还没有更好的选择罢了。这时候，你自己也要好好想清楚，你究竟是要跟他分开，还是要继续在一起呢。如果没有下定决心，只是一次又一次地喊"狼来了"，最后受伤的人只能是你自己！

婆婆不帮忙带孩子，夫妻双方零沟通，我出轨了

婚姻不幸福，不是他不能给你幸福，而是你自己没有幸福的能力

Q:

你好，我是一个两岁半宝宝的妈妈，29岁，是学习护理专业的。我老公30岁，是一个体养殖户。我整个孕期都在工作，孩子出生前15天才开始休产假。孩子出生以后，家庭矛盾就发生了。婆婆来了6天就走了，再也没来过。我一分钟都舍不得跟孩子分开，所以在产假的最后半个月辞职了。

带孩子这几年，老公经常帮忙，他应该就是大家口中的好丈夫，可是我却一直纠结婆婆为什么不能帮忙带孩子的事情。后来，我觉得自己抑郁了，不喜欢交新朋友，也不想联系老朋友，每天想着的就是家、老公、孩子。我和老公的感情也越来越不好，两个卧室，每人住一个，两年多了，一直分房睡。我们没有二人世界，每天说的话除了孩子就是孩子。

后来，我认识了一个男人，他35岁，离异，女儿在前妻那里。

我喜欢他的声音，第一次见面的时候我就想睡了他。对，我出轨了。我本来不是这么主动的人，也许是生活太压抑了，也许是太希望有人来关心自己了。他现在做的这些是我老公给不了的，所以我沦陷了，可是我一边贪恋他的温柔，一边还想为了孩子保住家庭，所以我不停地把那个男人往外推。终于有一天，他走了。

当老公知道我出轨的事情后，他选择原谅我，说以后好好过日子。刚开始的几天老公对我还有些关心，时间一长，就又恢复成以前的样子了。我不知道他是介意这件事情，还是有别的原因，我们又回到了之前的零沟通状态。

我对那个男人动了真心，忘不了他。我不停骚扰他，他现在应该挺烦我的。可是我真的翻不了篇，我现在真的好难受。本来我和那个男人做的事情，都应该是我和老公做的。我有时候恨我老公，恨他为什么要留给我爱上别人的机会，但同时又觉得自己太渣了。

A:

姑娘你好，看到你最后说的那句话，为什么老公要留给你机会爱上别人，我真的都为你老公感到难过。你知道吗？你过得不好，不是你老公的问题，而是你自己的问题。

为什么我这么说呢？有这么几个原因：

第一，从孩子出生之后，你辞职在家照顾孩子，老公也经常帮忙，但你却没有因为自己有一个贴心的老公而向他表示感谢，反而纠结婆婆不来帮忙。如果一个人看不到事情光明的一面，全部聚焦在阴暗面，怎么会幸福呢？再说，就算婆婆来帮忙，以你这种爱钻牛角尖的性格，能和她相处得好吗？为什么她才来6天就再也不愿意来了？是不是和你的性格有关系呢？

第二，你和老公长期分房，也没有沟通。虽然我不知道你们没有沟通的真正原因，但没有人喜欢每天听你抱怨，这点是可以肯定的。

第三，你出轨了，而且出轨的行为似乎不是被动的，而是主动的。你不惜破坏家庭，也不愿意改善婚姻状况，而且从你的行为可以看出，你是一个拥有的时候不珍惜，失去的时候又放不下的人。不仅对你老公如此，对出轨对象也是如此。

第四，你说出轨对象给你的是老公给不了的，请问你对你老公有没有对他那样热情和温柔？

第五，你说老公选择原谅你，可是只有刚开始几天对你好，后面还是老样子。我不知道为什么你居然还会用责怪的语气来描述这个问题，明明出轨的人是你而不是他，他能原谅你，不计前嫌就已经很大度了，你却没有一点愧疚，反而还怪他对你不好。这就好比你打了某人左边脸一耳光，难道还非要他把右边脸也凑上来让你打，这才算对你好吗？

姑娘，你说觉得自己太渣了，对，我明确告诉你，能做到这一步，你真的很渣。你对人对事双重标准，永远不觉得自己有问题，对自己的要求很低，对别人则吹毛求疵。你也太把自己当回事了，恨不得让全世界都围着你转。简单地说，就是你对别人的要求永远是天使行为和道德标准，而对自己要求永远是底线行为和道德标准。

很多时候，一段婚姻幸福不幸福，其实并不是对方能不能给你幸福，而是我们有没有让自己幸福的能力。如果在婚姻生活里，你一直用这种心态对待老公，恐怕永远都不会感到幸福。

> 从我一无所有时，
> 她便不离不弃，
> 如今她却出轨了

婚姻对于男人来说是结束，对于女人来说是开始

Q：

凯哥您好，我发现妻子出轨她的同事，现在非常苦恼，希望得到您的指点。

今年我38岁，她33岁，我们相识8年，结婚6年，有一个5岁的儿子。我们都在事业单位工作（不在同一个单位），我的年薪将近20万元，发展前景还算不错。她的年薪比我少7万元左右，目前也处在事业的上升期。

我们都是本科学历，之前各自在不同的城市上学。我来自农村，父母的经济条件不是很好。大学毕业后，我通过考试来到现在这个城市，进入现在的单位。她是这个城市本地人，家里条件很好，开了一个小工厂。我们是经人介绍认识的，之前没有任何交集。当时，她的家人并未阻止我们结婚，只是说年轻时候穷不算穷，只要人好就行，而且她家里有些积蓄，可以帮我们。后来她的

家人也确实在经济上给了我们很大的支持。买房时我贷款50万元当首付，她家给了20万元，然后按揭我们自己还。后来看贷款利息支出太多，她妈妈做主借钱给我们，帮我把首付的50万贷款还上了，让我们慢慢还她本金就行。

我们恋爱了一段时间就结婚了，然后有了一个在我看来是全天下最好的儿子。她妈妈负责给我们照看孩子，我妈妈只在他妈有事忙不开的时候过来帮着照看一下。我们婚后的生活还算融洽，我负责做饭，她负责打扫卫生。慢慢地，爱情变成了平淡的亲情。中间也有过争吵，但是也能很快和好。

妻子其实是个挺贤惠的人，不虚荣也不攀比，对我和家庭都很照顾，就是有时候很刻薄，特别是对我妈，她生起气来能说出特别狠的话。我算是一个有上进心的人，一直在一级级地向上晋升，就是有时脾气暴躁，因为一点小事冲她发火，但是次数不多。

生完孩子后，她对夫妻生活的需求少了，我也因为她身材走形不再主动要求了，所以慢慢地，两个人之间的交流也少了，下班之后都围着孩子转。

一般情况下，我从不碰她手机，觉得夫妻之间应该信任，我之前也确实很信任她。上周末，我用手机参加幼儿园的视频会议，中间需要注册，我就用了她的手机，然后发现了她和那个男人的聊天记录，内容不堪入目。那个男人是她的同事，还单身，而且住得离我家很近。早在我之前，他们就认识，那个男人的身高、相貌、工作都不如我。出轨的时候,她就把儿子一个人放在家里,然后去那个男人家里。我发现之后,整个人都懵了,把聊天记录截屏发给了她姐姐,又叫来了她父母。后来,她父母把她和儿子接走了。她的说法是因为最近工作比较忙,特别是又接了一项新任务,很多东西她不会,而那个男人曾经处理过相关工作,有经验,给了她很多帮助,然后一时糊涂就发生了关系。现在,她一直在给我道歉,向我发誓以后再也不这样了。

我现在心里堵着一口气出不来,为了孩子和我自己着想,没法去打那个男人,也没法采取什么报复措施。我想着应该离婚,但是舍不得孩子,不想他这么小就失去爸爸的陪伴,而且一想起之前两个人经历的种种美好,心里也犹豫了。但有时候,回想起他们的聊天记录,想着他们干的事,我就气炸了,觉得必须离婚。我心里有疙瘩。我知道即使现在原谅她,这个阴影也会缠绕我一辈子,不知道以后能不能放下。我现在不知道怎么办了,想请凯哥帮忙分析一下。

A:

这位兄弟你好,有句话是这么说的:"婚姻对于男人来说是结束,对于女人来说是开始。"

很多男人在结婚前会为了女人付出,但结婚后就会慢慢平淡下来,结婚前的小礼物、小心思慢慢都没了。可是女人不一样,她对未来的所有期望，从结婚那天才刚刚开始。她希望有一个人宠自己、爱自己、懂自己。这些事情并不会因为老公做不到，她就会没需求的。相反，她会因为老公做不到，而更渴望。

你在来信中说，你老婆是一个通情达理、贤惠懂事的女人，那你有没有想过，她这样一个有分寸的人，为什么会做出背叛你的事情呢？根本原因是什么？你有没有想过这一切和你有关系呢？

你说自己脾气暴躁，会因为一些小事对她发火，但次数不多。当然，我不知道你所谓的次数不多是几次，你可能觉得你不过只是发了一点小脾气，却没有想到对她来说会造成怎样的伤害。

还有你在来信中说，在夫妻生活方面，因为她身材走形而对她不主动要求，也很少交流。从这句话可以看出来，你是嫌弃她的。如果我从你的来信中都能感觉到你的嫌弃，你说你老婆会感受不到吗？

还有更糟糕的一点，在发现她出轨之后，你没有先冷静下来和她好好谈一谈，也没有想一想为什么她会出轨，而是非常冲动地把聊天记录发给她的家人。作为一个有理性的男人，夫妻矛盾应该在内部解决，而你把这些问题摆到她家人面前，只会让她更加难堪。如果说她出轨伤害了你，那你这样做对她也一样造成了伤害，甚至可以说你是在报复她！

你说她和出轨对象说的话不堪入目，这表示你都没想过从她嘴里会说出那些话。那你有没有想过，结婚这么多年，你是不是都没有好好了解过她，都没有真正走到她心里呢？

现在你说不知道怎么办，如果你心里已经确定就算自己原谅她，也无法放下这件事，那可能勉强维持婚姻并没有意义。因为以你的性格，也许还会不断翻出这件事来伤害她，那么迟早都要分开，何必互相拖累呢？

当然，你问我要不要离婚，我会劝你不要离婚，因为这件事表面上看起来是她的错，但实际上根源在你身上。如果你多关心她一点、多爱她一点、多体贴她一点、对她更温柔一点，她还会出轨吗？这么多年，从你一无所有时，她便不离不弃。你有没有问过自己，如果没有她在背后支持，你会有今天幸福安稳的事业和家庭吗？

我就想告诉你，夫妻之间所有的问题都是一个巴掌都拍不响的。很多时候，婚姻出问题，本质上是人的性格出了问题，如果不改变自己的性格，就算换一个人结婚，你还会再次遭遇婚姻危机的。

> 感受不到老公的爱,于是我成了一个不干净的女人

你只是通过感情勒索来控制他对你的感情，弥补内心空缺的爱

Q:

凯哥，我实在太痛苦了，现在是凌晨三点，又是一个不眠夜！我在年前出轨了，现在一想起来就痛苦，想轻生！我从没想过自己会和除了老公以外的男人赤裸相对！我陷入极端反复的自我攻击中，整夜失眠，整日流泪。我不敢描述我和老公的婚姻模式，因为我怕我会不客观，会为自己出轨的事实找开脱的理由。

老公比我大十几岁，我们认识一个月就奉子成婚了，那时候彼此还不熟悉。结婚六年，他一直出轨多人，被我发现了也死不承认。我只能慢慢逼自己接受现实。他第一段婚姻就是因为出轨而离婚的，但出轨对象不是我。

我脾气不好，没有安全感，爱作，总想办法证实老公心里有没有我。但他就像直男一样，永远踢一脚才动一下。我在这段婚姻里其实特别累，但我相信他也同样很累。

我老公好吗？他从不给外面的女人花很多钱，最多也就几百元；但是我要说去哪旅游或要买什么，他会立刻同意。他对孩子的事很上心，也很爱孩子。他也会做家务做饭，也会照顾生病的我，但是涉及钱，就明显感觉他有异心。他的工资不会告诉我准确数目，买房也不告诉我（其中有一套写了他妈妈的名字），投资也不告诉我（最后失败了）。我到现在都不知道这个家里到底有多少钱。用他的话说就是"不告诉我是不想我多疑"。结婚多年，家庭开支的结余我也全数上交给他。每次他资金困难，我都向娘家要钱帮他。

我付出这么多就是希望他感恩，对我好，但我没有被爱的感觉，我一直在求证他对我的感情，一直在向他发出缺爱信号，可他就是无动于衷。发现我出轨之后，他没有选择离婚，但是打了我，平时也对我爱理不理的。我想离开，他就说我自私。我希望他走出阴影，但他又做不到。他已经把固定资产转移了，我也默许了这件事，因为我真的不在乎钱。

本来我就有"身体不干净"的痛苦，加上我老公时常耷拉着脸，这生活可想而知有多难！为了让我老公心情好点，我还会主动让他打我，这样我心里的愧疚也能少点。现在不知道问题出在哪里，我觉得生活很痛苦，但我不认为这些痛苦来源于我老公对待我的方式，而是因为我从思想上不能放过自己是"一个不干净的女人"这种想法。

A：

　　姑娘你好，你知道什么样的人会过得很糟糕吗？就是那种从来不相信自己值得过更好的生活的人。当你都不觉得自己值得被爱的时候，别人怎么还会爱你呢？不过好在，你自己也已经意识到，你现在的痛苦源于你内心对自己的道德绑架。可是既然意识到了，就要有意识地改变，而不是明明知道自己这种想法是错的，还一直让这种糟糕的想法控制着自己。

　　你为什么会如此否定自己呢？多半是由于这四个原因：

　　第一，原生家庭从来没有给过你接纳和认可。从小遭受的打击和讥讽，导致你在整个的成长过程中都不断寻求认可。

　　第二，由于家庭的否定，你的自我价值感非常低，对自我极度否定和排斥。

　　第三，你既会给自己贴上"不干净女人"的标签，也会给自己贴上"我不值得被爱"的标签。有了这样的前提，就并不是他对你不好，而是他一旦对你好，你就会怀疑这种好是假的，需要再次试图证明他对你好。你不相信自己值得被别人真心对待，这样周而复始，他已经不敢对你好了。

　　第四，应该是父母从小给你灌输女人要从一而终的保守思想，于是你一方面为自己出轨而愧疚；另一方面又离不开多次出轨的老公。

　　因为这些原因，你才会不断地作，希望老公能满足你对爱的要求。因为这些原因才会不断地原谅老公的出轨，甚至希望通过自我牺牲的方式来换回老公的爱,这是缺乏安全感的典型表现。

但是你知道吗?你所做的一切其实并不是因为你爱这个男人,而是你希望通过感情的勒索来控制他对你的感情,并以此来弥补你内心缺少的爱。

也就是说,你其实并不具备爱别人的能力,甚至连爱自己都做不到,这也是你如此贬低自己的原因,包括你和老公认识一个月就进入婚姻也是如此,你没有慎重考虑对方的人品、离婚的原因、你们是不是合适,等等,只是因为怀孕就决定结婚,当时他就像是一根救命稻草,你没有考虑保持这段感情稳定的其他因素,你要的只是被爱的感觉。那时候的你需要通过和他建立一段关系来把自己带离另外一段糟糕的关系。比如你一边出轨,一边愧疚,甚至希望通过让老公打你来减少自己的负罪感一样。你不知道应该怎么改善糟糕的关系,于是选择用痛苦来惩罚自己,实际上这就是在逃避现实。

但你知道吗,如果一个人的内在问题无法解决,那她的人生就只是一场糟糕的死循环。大概就是这种模式:不自信→敏感脆弱→办砸事情→自我攻击→更加自卑脆弱。一旦陷入这样的循环,我们就可以判断:这样的人无论和谁在一起,婚姻都注定会失败。

自我保护：保护好自己的财产，也保护好自己

男友投资失败,我已经借给他12万元,还要继续借吗

好的爱情
一定是势均力敌的

Q:

凯哥！早上好！我今年39岁，是一位单亲妈妈，离婚6年多了，独自带着一对8岁多的龙凤胎生活。

一开始，我忙于生计和照顾孩子，没有过多考虑自己的婚姻问题。后来，孩子们慢慢长大了，我开始在线上线下接触异性，线下的感觉似乎都不太合适，不是没眼缘就是别人对我不感兴趣。

2018年7月中旬，在某网站上，我认识了一位同城的男士，接触后觉得还不错。他也离异，从事汽车金融行业，一开始感觉这个行业特别高大上，后来发现他其实也有很多心酸，也只是在底层摸爬滚打的人。后来，他投入资金理财的投资平台亏了，300多万元化为泡影，买了房但没钱收房，还要还房贷，而且工资被降低，过日子经常捉襟见肘。后来，突然又有一项贷款要还，于是他卖掉了刚收回来不久的房子，还抵押了车。最后，他连每个月的基本生活都难以维持。

　　生活不易，遇到一个觉得可以"走心"的人更不易。所以从一开始的一两千元到后来的两三万元，我前前后后大概给他转账了12万元左右，但是到现在为止，我没见过他的任何朋友，更别说家人了，他说他没有圈子，等情况好点了再考虑见家人。

　　现在，他觉得自己什么都没有，也不愿意当上门女婿。上个月说到这个问题时，他说不愿意和我父母住在一起，想把北门的房子卖掉，然后在孩子学校附近再贷款买一套，剩下的钱把车赎回来，结果房子一时卖不出去，现在低价租出去了。

　　感觉所有的事情都遥遥无期！他之前的工作已经朝不保夕了，这两周我们在尝试做室内软装设计，谈成了一个客户，利润还可以，但是他没车不方便，就想着把车赎回来。需要先付3万元的利息，然后剩下18万元再分期付，他的信用卡只能刷2万元，这就意味着剩下的1万元又需要我帮他付。我向他要抵押车的凭证看，他说没有，只是手写了一个纸条。我说那你把写的东西给我看看，他也不愿意，最后他表示车不赎了。

　　昨天一整天我都很压抑，就发信息问他你有没有骗过我，如果有，我会杀了你，然后过了很久他才回了句没有，最后问了句："你是不是有心理疾病了？"我不知道他是不是在骗我，按常理来讲，认识了一年多，如果真心打算在一起，不可能从不让我出现在他的圈子里，而且每次出去几乎用的都是我的钱。我承认自己对他是很认真的,我不知道现在该怎么办了。

A:

你好,看到你的来信,我在想,是你经历得太少,把人性想得太美好,还是你单身太久,太渴望爱情,竟然看不出这个人压根就是一个骗子,你经历的这些不过就是感情骗子的典型套路。

我们来看看他做了什么?

把自己包装成成功人士,这一步是为了吸引你注意。他给自己编了一个故事,把自己包装成一个努力拼搏,却意外遭遇不幸的倒霉男人,这一步是为了让你内心产生波动;他关心你、理解你、爱护你,让你感受到连绵不断的暖意,但实际上只是为了让你心软,这一步是为了让你觉得自己离不开他;设计很多失意的桥段,一方面激发你的同情心,另一方面方便开口骗钱,这一步是为了激发你的圣母心;从借一两千元到后来的借三四万元,这一步是一点一点对你进行测试,并且让你因为不断付出沉没成本而投入越来越多的钱。

一个真心和你交往的男人,是不会挖这样的陷阱让你掉进去的。其实只要认真想想,两个人认识一年多,他身上暴露出的种种问题,你早就能有察觉,只是你一直在试图说服自己相信他。这也就是所谓的自欺欺人吧!

我来给你梳理一下几个蹊跷的方面:

第一,从他第一次和你说自己亏了300多万元,你就要明白,一个做金融的人，难道会不懂得规避风险吗？怎么会不懂得"鸡蛋要放在不同的篮子里"这个道理呢？

第二，一份正常的工作，工资怎么会被降低，而且即使真的被降薪，一个有能力的人就该换工作了，这不是明摆着的事情吗。

第三，如果你也买过房子，应该知道，收房时交的钱只是物业费，不过几千元的事情。他不是一直向你借钱吗，难道这几千元就不能向你借了？

第四，突然冒出的借贷要还，要卖房子，还要抵押车。难道他的房子是全款买的吗，如果不是，那需要补齐全款才能交易，他都那么穷了，还怎么补齐呢？

第五，另外一套房子因为卖不掉，低价租出去了，那请问他现在住在哪里，为什么他的房子不是卖就是低价租的呢？

第六，正常人都会有自己的圈子，就算性格再内向也都会有几个朋友，他怎么可能一个朋友也没有呢？那只有一个原因，就是他不想让你知道。

第七，一个男人再落魄，至于每次出去都让女人付钱吗？如果他连尊严都不要，我想请问你爱他什么？爱他没有尊严吗？

第八，一个成年男人就算遇到挫折，仍然有无数种挣钱方式，哪怕在某个行业混不下去了，去送外卖也不至于吃不上饭向女人要钱。

第九，既然没有条件，为什么要赎车，还因为你不给钱而不高兴，这是男人吗？这分明就是骗子！没车怎么就不方便了，打车不是很方便吗？

第十，你问他有没有骗过你，他还敢说是你心里有疾病，这个人更无疑是骗子了。因为骗子才会让你自责，让你反省是不是自己的问题。

我建议你趁现在还能找到他，赶紧报警吧。到派出所报案，如果有证据可以证明他诈骗还好，万一不能证明，你至少能在派出所里要求他给你写下借条，而且这大概是你唯一可以拿回钱的方式了。当然，前提是不要打草惊蛇；否则，这个骗子和你在一起本来就是为了骗钱，骗走的钱是不可能还你的。

另外，作为一个成年人，太天真并不是一件好事，过分盲目相信一个有问题的人，不仅是因为你缺爱，更重要的原因是你从小可能习惯了付出才能得到爱，这些造就了你现在的英雄主义。你觉得自己能够帮助他渡过难关，之后两个人过上幸福的日子后，他还会感激你。可是真正好的爱情一定是势均力敌的，两个人的付出达到平衡，这样才能长久相处。希望你能明白这一点，以后不要再给骗子钻空子的机会了。

产检生娃我都用自己的钱,老公却不停借钱给别人

他对你的好不过是帮你干点活的廉价好，而从不体谅你的感受

Q：

凯哥，你好！我是"85后"，我大学刚毕业的时候被一段感情伤得很深，在最难的时候，我就是看着你的文章坚持着，在深圳工作了七八年，现在终于爬起来了。

在家人的压力下，2017年，我挑了一个我觉得合适的男人结婚了。或许我之前过于独立，两人结婚后异地一年，我辞掉深圳的工作来到老公所在的城市，并且生了一个女宝宝。也不能说老公对我不好，在生活上他很迁就我，在外人眼里我是幸福的。老公勤快，在家里做饭的一直是他，我怀孕之后也不用干活，我们自己带娃，没有老人帮忙。他很勤奋，但是我们现在依然没车没房。

我心里有一根刺，就是我老公一直借钱给一个老男人。我怀疑老公被洗脑了，而且这个人所有的证件都是过期的，我就是想告他诈骗也告不了。借钱的事是结婚前就开始的（这事我一直不知

道），离谱到我们结婚时他不还钱，生娃做手术时也不还钱，整整两年，每月都还借钱。一开始老公是瞒着我的，我看过聊天记录，对方用各种借口借钱，然后保证将来还。就像填无底洞一样，老公甚至把我的嫁妆都借出去了。我大着肚子的时候，老公每个月还借钱出去，快生的时候还跟我要了6 000元，产检和生娃我都用的自己的钱，甚至因为借钱给那个人，过年我们都没钱回家了。之所以买不起房，就是因为他把房子的首付款都借出去了。那个人承诺近期还清，但直到现在，他还一直打电话给我老公，说证件没办好。

我觉得自己真的要疯了，为这事我们吵了很多次。我们自己开了个店，吵得厉害的时候我老公就说把店转出去把钱还给我，他净身出户。从头到尾我都觉得向他借钱的人是骗子，但我怎么说老公都不听。

我不知道怎么表达这种憋屈，每个月都入不敷出，小孩以后还要读书呢。如果继续下去，我不知道小孩以后怎么办，而且现在没人帮我带小孩，我根本不能出去工作（虽然我自己有一些存款）。如果生完孩子不亲自照顾，我觉得也是一种不负责的行为。

凯哥，你有什么建议吗？

A：

姑娘你好，非常感谢你一直以来对我的支持。

从2017年你和老公结婚到现在，已经四年了，除去异地的那一年，你们俩在一起至少已经两年多了，我不知道你有没有想过一个问题：你老公一直借钱给他，甚至向你借钱给他，你为什么要给呢？你说你老公把你的嫁妆借出去了，甚至在你快生孩子的时候还向你要了6 000元，为此你们常常争吵。但是我非常想知道，为什么争吵的结果不是他决定不借钱出去，而是你还愿意把钱给他，让他继续借钱给别人呢？你老公如果是一个智商在线的人，他怎么至于会借钱给这么一个人，而且还每个月都借，甚至借到你们没有钱回家过年的程度，还把你们买房子的钱全部借出去。到底这个男人是个骗子，还是你老公是个骗子呢？你想过这个问题吗？

你们结婚后，所有的收入全部借给那个男人，甚至把你自己存的钱也拿给那个男人，究竟是你老公太傻，还是你太傻？

你们一起开了店，吵得厉害的时候，你老公说把店转出去还钱给你，可是你并没有接受，因为你念着他的好。可是他对你的好也不过就是帮你干点活，却从不体谅你的感受。这种廉价的好，算什么好呢？你问我有什么建议，我的建议就是无论如何你都要保护好自己的财产，也要保护好自己。

男友事业不顺，向我借了近20万元，我却发现他对我有所隐瞒

为什么一个事业如此成功的男人，
需要向你借钱

Q:

　　凯紫老师，您好！我是一位27岁的单亲妈妈，有一个儿子。2019年10月，我遇见了一位大我9岁的男士，他对我和孩子不但体贴，而且很照顾，我们在一起也很合得来。

　　但是到目前为止，他没有给我和孩子买过任何礼物，反而向我借了近20万元，然后他一直跟我说他2019年事业不顺利，没有赚到钱，说等熬过事业最艰难的时期就还给我。

　　我们都长居在同一个城市。2020年春节，他说自己回老家过年了。可是我发现，他可能在老家过完初三就返回了我们居住的城市，却对我隐瞒说还在老家。从大年初五开始，他和我的联系越来越少，手机还关了一段时间。他说是因为各种贷款平台打电话催他还款，比较心烦，不想开机，但每天会给我打几个电话问候，现在跟我恢复正常联系了，可我发现他隐瞒了一些事情，比如在朋友圈设置了一些我不能看到的动态（关于他搬家和房子的照片，还对外说他一个人住）。

我怀疑过他其实已婚，也怀疑我只是他的备胎，或者是他在骗我的钱！

我名下有两套房子，其中一套正在出售，他之前还提起过要我出一部分钱和他一起做生意。之前他还对我承诺说要给我买一部豪车，结婚会把一套房子过户到我名下，我当时都以他现在事业处于低谷而婉拒了。我觉得他缺钱不是真实情况，他是在试探我吗？还是不相信我对他的感情，或者怀疑我会因为物质财富才和他在一起？

我很头疼，不知道他是不是真的爱我。他爱我吗？用我的钱也没有打借条给我，我真的不知道该怎么办了！还没有结婚就处处隐瞒，为什么呢？我现在越想越乱，不知道该怎么办！

A:

姑娘你好，10月才认识，到过年前你就借给这个男人近20万元，你借钱给他的时候有没有想过一个问题，为什么一个事业这么成功的男人，却没有亲戚朋友可以帮他呢？

我来和大家分析一下，男人一般会用这三种方式来欺骗女人的财产。

第一，伪装成高富帅。

所有骗子都会把自己伪装成高富帅，假装自己事业有成，前途光明。他在朋友圈一定都会把自己塑造成一个出入高端场所、生活讲究的上流人士。尤其他会告诉你，只要你嫁给他，就会从丑小鸭变成白天鹅，享不尽荣华富贵。

第二，挣足同情分。

让女人以为他是落魄总裁，这种人会和你说自己以前的风光场面，再和你说落魄后见到的世态炎凉。他会告诉你，自己一定会重新开始的。这样的反差和对比会让女人心生同情和怜爱。

第三，让你以为自己钓到了金龟婿。

这种男人擅长画饼，给出各种承诺，有办法让你相信，他是被变成青蛙的王子，他在等待公主的那个吻。很多女人都会以为自己是公主，可惜不知道其实他真的只是一只青蛙。

大家不妨去网上搜一下女人被骗钱的案例，你会发现作案手法几乎大同小异。我再和大家说一说应该如何识破骗局，主要请看他是否符合我说的下面这五点。

第一，速战速决。

骗子可不会和你玩拉锯战，和你恋爱一两年后再行骗，他们多数会在三个月之内下手，所以遇到那种刚认识就告诉你自己多厉害，没多久就开始说做生意失败的男人，你就一定要注意了。这种男人是骗子的概率高达99%。

第二，温柔体贴。

对你好到没话说，哪怕你发脾气，他都能对你笑嘻嘻的，让你以为自己遇到了一个很懂自己又很愿意包容自己的人。

第三，信誓旦旦。

他会承诺给你买这个买那个，承诺让你过上在你能力范围之外的生活。很多女人都会被迷惑，毕竟这种一辈子的饭票，谁会不心动呢？

第四，喜欢卖弄。

他能卖弄的东西太多了，比如可以租一辆豪车来满足你的虚荣心；比如可以给你介绍他的朋友，还个个都是商界大佬；比如会穿戴各种名牌，让你以为这就是他的生活常态。当然，我说的只是很小的一部分，只有你想不到的，没有他做不出的。

第五，博取同情。

因为他的动机是骗钱，所以一定会告诉你自己缺钱，可是一个光鲜的大老板怎么会缺钱呢？他一定会告诉你，他投资的项目失败或者货物被某某部门扣留，又或者合作方失信等这些听起来非常正当的理由。

说完这些，再回到这位姑娘问我的问题中，还没结婚就处处隐瞒，为什么？因为他根本就没打算和你结婚，他的目的就只是骗钱而已。他吊着你的目的，不过是希望能骗到更多的钱。实际上，女人们动脑子想一想就知道，一个事业成功的男人做生意怎么会就缺你那一二十万元呢？一个能做成大生意的男人需要具备优秀的品德和坚韧的毅力，我虽然不敢说这种男人一定不会开口向女人借钱，但我敢说这种男人一定不会向才认识几个月的女人借钱。

那你要怎么做呢？

如果你愿意相信他是骗子，就只能以其人之道还治其人之身，先放出诱饵，告诉他你把房子卖了，现在手上有一大笔钱要投资，然后对他冷一点，让他产生危机感。他上钩后，你再告诉他房子虽然卖了，但钱还在银行，没有支付到个人账户里，而现在你妈妈病了要做手术，问他能不能赶紧把上次借的钱还给你，先让妈妈把手术做了。这个办法不能保证你一定可以把钱要回来，只能利用他贪得无厌的心理来保全你的利益，尽可能地减少你的损失。

这些办法要是不管用，你也应该尽量想办法让他写下欠条，至少打官司时还有凭证。只是如果他真有意骗你的钱，恐怕写欠条并不是一件容易的事，这就需要你自己想想办法了。

希望姑娘们看到今天的来信，一定要警惕起来。我一次又一次和大家强调，不要和恋爱对象有经济往来，你们一定要相信，男人这种爱面子的生物绝不会轻易向女人开口借钱。每个男人都希望成为女人心目中的英雄，如果他不想成为女人心目中的英雄，只有两个可能：第一，他不在乎你；第二，他本来就是狗熊；所以，无论答案是哪个，你都要很清楚，这种男人是不值得托付终身的！

> 男友突然冒出一个女儿,我是遇到骗子了吗

你所谓的心高气傲
只是对这段感情无奈的掩饰

Q:

凯哥,你好!请帮我分析一下我是不是遇到骗子了。

我未婚,他离过婚,没有孩子,他说因为前妻赌博并且推了他母亲一把导致他母亲得了急性心肌梗死,所以才离婚的。国庆节我们一起回了双方老家分别见了长辈,回到工作的城市一周左右,他突然说自己有一个四岁的女儿,但前妻一直瞒着他,所以他也是刚知道的。我翻了一下疫苗本,发现小孩打针日期和他说的分居离婚时间不对,就要他做一个亲子鉴定。他先是各种推脱,后来又告诉我已经去鉴定了,因为是托关系做的所以没有报告,只说孩子确实是他亲生的。

他曾向我提出借两万元,说接了私活买设备用,我的钱都套牢在股市里所以没借给他。整个恋爱期他一直对我很冷淡,每天只有一次简短的通话。对此,我明确提出意见跟他说:"我这是谈了个假的恋爱吧，连男友的面都见不到"，但是说了也没用。气得我想快刀斩乱麻，先后三次提出分手，前两次和好了，这次没和好。

我对他产生了严重的怀疑：

第一，他的工作很奇怪，时间很自由又很不自由。正常上班时间他经常随时外出，有时又要封闭培训一周或半年。

第二，双方家长都见过了，又都是奔结婚去的，他却以我上班路远为由不和我住一起，还提出在我公司附近租房住，周末偶尔可以去他的房子住，但后来又说他的房子出租了。

第三，他和我说过想换车的事，我说又不是我买车，在你能力范围内想换就换吧。有一次，听到他接了一个卖车人的电话，他很生气地说大不了全款买之类的，具体细节我忘了，反正就像关系很近的人对话的感觉，等他接完电话，我特意问他怎么对卖车的那么凶？他的回答又怪怪的。

第四，他平时说话很浮夸，说他哪个哥们是军二代或者哪个哥们是交警之类的，开车违章很多都不用正常扣分，交警哥们会帮他处理的。还说他住的小区门口的车子经常违章停放，他就打电话给交警哥们来抄牌。有一次下雨天，我们在车上，路两边有很多车违章停车，很挤，他说打电话让朋友来抄牌，我注意到他拨的号码是三位数的，直觉告诉我是110，而且他打电话的语气很规矩并不像平时很嚣张的样子。

现在我很迷茫，不知道自己是真的遇到骗子了，还是疑心太重对他不信任。总之,我就是害怕自己沟通方式有问题,从而导致错过了他,那我一定会遗憾的。所以请凯哥帮忙分析一下,拜托了。

A:

你好,当我看到你的来信里说他突然变出一个四岁女儿的时候,就已经隐隐感觉他是个骗子了,后面又说做亲子鉴定的事情,更可以确定这完全是一场他自导自演的戏,甚至我都觉得剧情有点浮夸了。按理说,大部分人的生活未必能遇到特别狗血的事情,毕竟人生不存在太多的戏剧性。

我想多数人都不难看出他是个骗子吧。分享一件往事,我也遇到过和他类似的人。

先说一个40岁的人,他特别能吹牛,并且还说自己曾任某知名企业的高管,曾获得某某国际奖项。如果有人问他为什么要回老家,他给出的理由是因为父母太老,需要照顾,可与之矛盾的是,他并没有和父母住在一起。还有,这个人明明自己没车,每次参加聚会都要特地租车开,吹牛自己认识某某大名人,和他是哥们一样的关系,还经常说要带我们一起去和他的兄弟喝酒。

再说一个20多岁的人,号称自己的父亲是某知名上市公司的CEO,有一天和我们说自己开车出车祸了,坐在副驾驶位置的朋友死了,他开的法拉利整车运到原厂修理去了。我问他:"这么严重的车祸,为什么媒体没有报道?"这位小哥回答我说:"因为报道会影响他爸公司的股价，所以事情被压下来了。"我们从来没见过他开法拉利，只见过他开一辆国产的代步车，售价不到10万元，但他给出的理由是做人要低调，不然会被绑架的。

你听到这些之后会不会觉得离谱？其实这些人的骗术一点都不高明，但是总会有人相信，以为他们真的很牛，而且还庆幸自己认识了一个这么厉害的人物。只是但凡撒谎的人，几乎都不可能不露出破绽，而男人为什么要对女人撒谎呢？可以肯定的是，只有一个理由，就是想从这个女人身上获得利益。对于有些男人来说，利益是钱，而对于另一些男人来说利益是不用代价可以发生的两性关系。

其实你早就已经有所察觉了，可是很多人就是这样，明知道这个人有问题，还不肯放弃。你说自己心高气傲，这其实特别矛盾，真正心高气傲的姑娘根本不允许这样的男人牵着自己的鼻子走。因此，你所谓的心高气傲只是对这段感情表示无奈的一种掩饰，其实你的潜意识已经知道他是骗子了，但大概有很多原因，比如你的年龄让你害怕很难再遇到合适的对象，于是宁可自欺欺人，还和他交往。你别以为自己见过他父母，他就不会骗你，有可能他父母都不知道自己的儿子是个骗子。当然，也有另一种可能，那就是你见到的所谓他父母根本就是假的。

我们又吵架了,他说他想静静没有理我

那些活跃在社交软件上的男生，他们真实的目的是什么

Q:

我跟男友是探探上认识的，我们刚认识那会儿，他刚跟前女友分手，是我追的他。我们在一起一年多，一共只见过两次面。

后来，他去北京考飞行驾照，这就意味着，他没有工作，也就没有收入，但这些我都不在意。在此期间，我时不时给他买一些生活必需品，也会给他钱。

但是，2018年的最后一天，我们因为"父母在，不远嫁"的问题，闹分手了，后来又和好了，因为我知道我还爱着他，虽然父母有点反对，但是我不想放弃。我跟他说，不论怎样，既然我们还相爱，就应该好好走下去。

今天我们又吵架了，我好累。每次都跟他说我生气的原因，说我想让他怎么做，怎么哄我。

这次，他说他想静静，没有陪我发信息聊天，也没有跟我视频

通话。就这样，我们又闹别扭了。

凯哥，假如能看到我的来信，麻烦您帮帮我，我真的不知道该怎么办了。

A：

姑娘你好，你去年3月认识他，到现在也快要一年了，你们才见过两次面，这根本算不上谈恋爱呀。你来信说，你男友要去北京学飞行驾照，但你发给我的你们的聊天记录里又是问他在健身房当私教怎么会没时间。我不知道你有没有想过，这个逻辑很有问题，一个计划去考飞行驾照的男生，为什么突然跑到健身馆当私教去了。我特地上网搜了一下考飞行驾照的资格，首先，学费就是一笔不小的数目，而且还分成两种，一种是私人飞机驾照，学费将近20万元。还有一种是商业飞行驾照，学费需要70万元以上。你说他去考飞行驾照就意味着没有工作，也就没有收入，可是没有经济条件的人哪有钱去考飞行驾照呢？他这么穷，很显然考完不可能开自己家的飞机，而且显然也不是工作需要，考了有什么用？你难道从来就没怀疑过他说的这些话的真实性吗？或者你就没有想过他所说的这些话不过是要往自己脸上贴金吗？

也就是说，他在骗你。你为什么会被他骗呢？

首先，也许是因为他长得好看，这种好看在你心里高端大气上档次，完全配得上飞行员这个职业。

其次，不少女生都有圣母情节，会幻想自己能在这个男生处于低谷的时候拉他一把，这样就能改变他，让他变得更好，以后会记得自己的无私付出，从而对自己好。

再次，就是因为自己迫切希望有人爱，只要这个人看起来能对眼，有好感，管他人品、性格、品质呢，都不妨碍成为恋爱对象。

我向所有姑娘建议，如果你们想好好谈恋爱，找一个人爱自己，请不要在社交软件上找男友。如果圈子实在太小，可以请身边的朋友帮忙介绍，或者通过一些靠谱的网络媒介选择交往对象。在社交软件上找男友，就好像面对一堆烂苹果里挑，你怎么可能从中挑到好苹果呢？那些活跃在社交软件上的男生，他们真实的目的是什么呢？我想女生们应该心里有数。

借给男友 15 万元，但是他一直没钱还债

如果每段感情都不顺利，
那可能并非别人的问题

Q:

凯紫你好！我的故事很长，也很曲折。

我离婚已经十二三年了。离婚原因是我的输卵管堵塞，一直不能生小孩。是我提出的离婚，走的法律程序。到现在，我有过三段感情史，第一段离婚了，第二段被骗了，第三段（就是现在这段），又被骗得遍体鳞伤。他骗了我的钱，也骗了我的感情。

他开始对我百般好，做工地就找我借钱。前前后后，我一共借了大概15万元给他。我好累，好想分手。现在他在做一些小工程，但就是没钱拿来还债，借给他的钱也是我找别人借的。我现在在上班，以我微薄的工资不知道要到什么时候才能还完，所以凯紫老师可以给我一个好的建议吗？

A：

你好，如果一个人的每段感情都不顺利，那可能就不是别人的问题，而是自己的问题了。

为什么有的人总会遇到不好的人，又总会遇到骗子呢？有以下五个原因：

第一，自我价值感太低。不相信自己值得更好的人，总会选择那些条件比较差的对象。

第二，过分缺爱。从小没有得到过足够的爱，因此遇到一个对自己好的人，就会奋不顾身，把他当成生活的全部。

第三，难以接受平淡的感情。需要爱一个让自己感到痛苦、烦恼、悲伤的人，才能产生爱的感觉。

第四，习惯被伤害。在成长阶段一直被伤害，所以会不自觉地选择和伤害自己的人在一起，因为这才能带给这种人熟悉的感觉，甚至是他需要的安全感。

第五，圣母心。幻想自己有能力拯救一个男人，甚至希望自己的付出和帮助可以换来男人的感恩戴德。

这也就是说，只要你不改变自己，还维持现在那种状态，就还会被不断伤害，不断被骗。现在要怎么办？首先，你要做好他不会还钱的心理准备。其次，让他写下借条，要求他在规定时间内还钱，如果做不到，就去法院起诉他。如果你到现在还同情他、可怜他、不想逼他，谁也帮不了你！

十天半个月对我不闻不问,他是不喜欢我了吗

你问问自己喜欢他什么，
也问问自己他又喜欢你什么

Q：

　　我38岁，未婚，他43岁，离异，有一个女儿正在读初中。我跟他2019年5月在相亲网站上认识，8月正式在一起，但没有同居。刚在一起2个月的时候，他说公司刚开不久，很多订单虽然发了货，但是款却没有收回来。因为以前的公司存在债务纠纷，现在的公司贷不了款，所以到处借钱周转。我因为喜欢他，心软了，刷我的信用卡套现了几万元借给他。就这样，每个月他都用我的信用卡套现。

　　到现在，我们在一起1年了，刚开始他对我很好的，每天都发微信和我联系，但每个月就只见一两次面，晚上也都不住在一起，我感觉一点都不像在谈恋爱。我是以结婚为目的交往的，每次聊天都是他主动找我，我秒回信息，可我感觉他对我只是喜欢而没有爱。半年前，我因为对这种交往方式不满而向他提出分手，他不同意，说他相信患难中的感情最牢固，于是我又心软了，没有分手。

就这样，我们又好了几个月，但还是跟以往一样，一个月也就见一两次面，我越发感觉这种交往方式根本不像谈恋爱，感觉他对我只有利用，根本没有感情。

我感觉心累，想了很久，发微信给他"我们分手吧，以后不要见面，也不要再联系了"。他收到后并没有回复我，不知道是什么意思，也许是默认分手了吧。我们彼此都不主动联系就这样过了10天，我忍不住发微信和他说，"那天我生气一时冲动说分手，不该说分手，我收回说分手的话"。他说好。就这样，我们又和好了。

但我们的关系仍像以前一样，很少见面，只用微信联系，但我能感到不再像以前那样亲昵了。他现在三四天或者十几天才联系我一次，不再那么积极主动了。我感觉他变了。就在上个月，我们在一起时，我发现他和手机里的女人关系暧昧，而且相册里还有别的女人的照片，我很生气地问他，他更生气，跟我说，"没有的事，那只是朋友"。

过了几天，我气不过，还是觉得他欺骗我。他说我整天乱想，就这样，两个人都不愉快。之后，隔两三天他还会主动问候一下，可在十天前，他像突然消失似的，现在这么久了，都不理我，以前他不是这样的，我感觉他已经不喜欢我了，我对他来说可有可无，也许他心里有别人了，感觉他正在试着远离我。

A：

　　姑娘你好，你已经38岁了，这个年纪的女人应该有过一定的阅历，也见过一些世面，可从你来信看起来，你对待感情还像18岁的小姑娘一样。一个才相处2个月就向你借钱的男人，你怎么都不警惕呢？在一起1年的时间里，晚上从来不见人，你怎么都不怀疑呢？你说因为喜欢他，所以心软。作为一个成熟女性，我不知道你有没有好好问过自己喜欢他什么？同时，你也应该问问自己，他又喜欢你什么？

　　大家有没有发现，为什么很多骗子都会把自己伪装成成功人士，其实这种骗局一点也不稀奇，随便查一下都能找到。

　　和大家说一下，大部分骗局有以下五个特征：

　　第一，男人会自称自己是成功人士。

　　第二，他们下手的人一般都是急于结婚的女性。

　　第三，他们一定会在相处两三个月的时候说自己公司资金周转不开，为什么是两三个月？因为如果太长时间从你这里借不到钱，他浪费时间；如果时间太短就开口，你就会马上警惕。

　　第四，他们不会和女性同居，也不会长时间和女性住在一起。因为他的目标不止一个，所以不能把时间和精力放在同一个人身上。当然，他是不会告诉你这些的，只会告诉你，工作很忙，需要经常出差。

　　第五，得手后会慢慢开始对你使用冷暴力，他们不会主动提分手，而是让你感到冷漠和痛苦，逼你主动提出分手。

你看，你现在觉得他变了，对你不好了，其实他之前对你也不见得有多好，而且那些所谓的好还是因为刷了你的信用卡换来的，你不如理解为是你花钱买到他的好。这样的男人，不是变了，而是一开始就是这样的，只是你没有发现他的真面目而已。

那我再来说一说，为什么有的女人会心甘情愿被骗呢？主要有以下几个原因。

第一，急于结婚。

第二，对长得好看、嘴甜的男人无力招架。

第三，幻想对方是被变成青蛙的王子，以为自己帮助了这只青蛙，将来他变成王子就会回报自己。

第四，不自信，怕自己不能遇到更好的人而不敢放手，所以很心软。

我建议你现在先想办法看看借给他的钱能不能拿回来，不过既然遇到骗子了，你就要做好拿不回来的准备。另外，我也想提醒姑娘们一下，没有金刚钻就别揽瓷器活，一个做生意的男人不至于没处借钱，还要靠一个才交往两三个月的女人帮忙。哪怕他真的需要钱，那你也要想想，一个男人，连家人、朋友都不帮他的忙，他能做好生意吗？更何况一个大项目，会只差几万元吗？最后希望你能明白，他从来没有想过和你谈恋爱，他只是为了骗你的钱才和你在一起的。

他开保时捷，为什么要向刚认识的我借钱

真正优秀的男人
他喜欢的只会是同样优秀的女人

Q：

我跟在网上认识一个月的同城男士谈恋爱了。我们就见过一次面，但他已经有两次称自己手头不方便，要我微信转账800元和580元给他了。我觉得很奇怪。他一直说自己有企业，有房产，还开保时捷，怎么就差这点钱呢？跟身份很不匹配，这是什么原因？我百思不得其解。

A：

姑娘你好，我来说一说骗子的骗术。

骗子一般都会伪装成看起来好像各方面条件都不错的样子，他会对女性透露自己的显赫背景和优越的经济条件。他们通常会标榜自己是富二代，或者是成功的创业者，毕竟只有这样的角色才有利于推动剧情的发展；同时，这也是一个必要的前提，因为他抓住了女人想钓到金龟婿的心理，这样才能引诱她们付出代价。

　　这其实并没有什么可百思不得其解的，现在骗子那么多，他租一天保时捷开出来，可以约见好几个姑娘，总会有人上当的。向你要几百元只是刚刚开始而已，先通过几百元来做测试，后面就会开始以自己资金周转不开等为借口，向你要更大笔的钱，总有一些不经世事、心怀幻想又有圣母心的姑娘上当。骗子用的就是广撒网策略，能骗一个是一个。

　　我给姑娘们两个提醒：

　　第一，要有自知之明。

　　姑娘们一定要警惕那种才认识没多久就故意透露自己经济情况的男人，不要以为灰姑娘遇到王子的故事会降临在自己身上。真正优秀的男人喜欢的只会是同样优秀的女人，就算女人实在不够优秀，也要长得美，身材好。如果本身能力并不是特别出色或者有才华，还长得不美，还是别轻易相信优秀多金的男士会爱上你了。

　　第二，捂好自己的钱包。

　　要面子是多数男人的天性，这就决定了他们不会轻易向女人借钱，尤其是不会开口向刚刚认识的女人借钱，更不会只借几百元。一个男人连几百元都拿不出，要么是他穷得不值得交往，要么就是他想骗你的钱，那就更不能交往了。总之，对于一个交往不久的男人，无论他的理由编得多么冠冕堂皇，姑娘们都不能轻易借钱给他。